Rosalie Linner

# Landhebamme mit Leib und Seele

Rosalie Linner

# *Landhebamme mit Leib und Seele*

rosenheimer

Bearbeitung und Lektorat: Annette Epp, Reutlingen
Titelfoto: ullstein bild
Satz: Buch-Werkstatt GmbH, Bad Aibling
Druck und Bindung: Oldenbourg Taschenbuch GmbH,
Hürderstraße 4, D-85551 Kirchheim

ISBN: 3-475-53714-1

# *Inhalt*

## *Als die Sonne am höchsten stand*

An einem Sonntag, einem strahlenden Frühlingstag, kam sie zur Welt, die kleine Katharina, die später Kathi gerufen wurde und alle Voraussetzungen für ein glückliches Leben mitbrachte. Jedenfalls glaubte das ihre Mutter, die Huber-Hanni. Nach der Geburt verabschiedete sie sich von mir mit dem Satz: »Ein Sonntagskind an einem herrlichen Frühlingstag, um die Mittagsstunde geboren, als die Sonne am höchsten stand, wer hätte da noch Zweifel an dem guten, erfolgreichen Leben meines Kindes.«

Katharina blieb das einzige Kind von Hanni und Franz Huber, was schade war, denn in diesen guten, wohlgeordneten Verhältnissen wäre noch viel Platz für eine ganze Kinderschar gewesen. Im Nachhinein betrachtet, hätte es Katharina sehr gut getan, inmitten einer großen Familie aufzuwachsen. Doch sie blieb ein Einzelkind, und ihr allein gehörte die Liebe ihrer Eltern, die ihr jeden Wunsch erfüllten. »Sie ist doch unsere Einzige« – mit dieser Aussage rechtfertigten sie die abgöttische Liebe und Zuwendung ihrer Tochter gegenüber.

Vielleicht sollte ich in diesem Zusammenhang klarstellen, dass für mich die Liebe zu einem Kind das Wichtigste ist, was Eltern ihm geben können. Doch ist die Liebe übertrieben und ohne jegliches Maß und Ziel, besteht die Gefahr, dass das Kind in seiner sozialen Entwicklung Schaden nimmt. So geschah es auch im Fall der kleinen Katharina. Sie entwickelte sich zu einem sehr egoistischen kleinen Mädchen, das kein Teilen und kein Zurückstellen kannte. Sie war die Hauptperson der Familie Huber und duldete keinen neben sich. So verwundert es nicht, dass sie nur wenige Menschen in ihrem Leben als Freunde bezeichnen konnte; neben ihr war kein Platz für ein ebenbürtiges Gegenüber.

Die Bestätigung und Anerkennung, die sie brauchte, holte sie sich bei ihren Eltern und später beim Ehepartner, von dem sie verlangte, auf Händen getragen zu werden.

Katharina galt als intelligentes, begabtes Kind, absolvierte die Schule ohne Mühe und bekam ein sehr gutes Abschlusszeugnis. Ihre Ausbildung zur Einzelhandelskauffrau schloss sie mit Auszeichnung ab. Vordergründig schien sich die Vorhersage der Mutter zu erfüllen, der Erfolg flog ihr förmlich zu, sie meisterte das Leben mit Leichtigkeit. Katharina entwickelte sich zu einer hübschen jungen Frau, für die sich die Männer zu interessieren begannen. Aber wie hätte es anders ein können, es schien, als könne sich keiner ihrer Gunst erfreuen, denn sie war so stolz wie schön.

Doch das Schicksal geht manchmal seltsame Wege. Die einen waren erstaunt, andere schockiert, als Katharina einen Mann aus einfachen, biederen Verhältnissen zu ihrem Ehemann erwählte. »Ob des gut geht?«, fragten sich die Leute. Der Hubert war ein gut aussehender, sportlicher Mann, der seine Katharina anhimmelte und ihr jeden Wunsch von den Augen ablas. Sein Manko im Urteil der Leute war die Tatsache, dass er ein kleiner Angestellter mit mäßiger Bildung und bescheidenen Umgangsformen war. Deswegen äußerten sie erhebliche Bedenken, hatte man doch von dem kapriziösen Mädchen eine andere Wahl erwartet. Doch Katharina, an ihren eigenen Willen gewöhnt, heiratete entgegen der Warnungen ihrer Eltern Hubert Steinbacher, den einfachen, weit unter ihrem Niveau stehenden Mann. Die Hochzeit war ein großes Ereignis, und als Katharina nach der Trauung am Arm ihres Mannes die Kirche verließ, trug sie solch einen Glanz und ein Strahlen in den Augen, dass selbst ich einen kurzen Augenblick dachte, dass dies vielleicht doch die richtige Entscheidung gewesen sein könnte.

Nach einem Jahr – es war ein Sonntag im Sommer, abermals, als die Sonne am höchsten stand, wie damals bei Katharinas Geburt – kamen die Zwillinge Anneliese und Joachim zur Welt. Die Geburt überstand Katharina zwar geduldig, doch all die Schmerzen, die sie erleiden musste, kommentierte sie mit Vorwürfen und Anschuldigungen gegen ihren Mann, der ihrer Meinung nach an allem schuld war. Solange ich sie kannte, suchte Katharina einen Schuldigen oder Verantwortlichen für das, was geschah; sie war es gewohnt, von Sorgen und Nöten frei zu sein, zu sehr hatten die Eltern sie behütet. Selbst Verantwortung zu übernehmen, das hatte sie nicht gelernt.

Anneliese und Joachim, zwei gesunde, schöne Kinder, erfreuten Eltern und Großeltern. Das Glück schien perfekt, bis zu jener Nacht, als der Steinbacher-Hubert plötzlich vor meiner Tür stand, um aufgeregt um Hilfe zu rufen: »Frau Hebamm, Sie müssen kommen, schnell, schnell, dem Kloana geht's net gut, der atmet nimmer recht.«

Ich zog in Windeseile eine Jacke an und nahm meine Notfalltasche, die immer fertig gepackt in der Ecke bereitstand. Der Weg zum Haus der Steinbachers war nicht weit, im Normalfall nahm ich mein Fahrrad und radelte das kurze Stück. Doch in dieser Nacht war Eile geboten, wir stiegen in meinen alten Lloyd, der direkt vor meinem Haus stand.

In solchen Situationen war ich jedes Mal froh, in meinem Lloyd über all die langen Jahre einen treuen Wegbegleiter zu haben, der mich nie im Stich ließ. Wenigstens fast nie.

Als ich in das Kinderzimmer des kleinen Joachim kam, ahnte ich schon die Tragödie, die sich anbahnte. Die Mutter stand völlig aufgelöst vor mir und hielt das Kind, das nur mehr leise röchelte, in den Armen. Es fällt mir schwer, den Todeskampf des kleinen Buben zu beschreiben. Auch einer Hebamme, die tagtäglich mit Leben und Tod konfrontiert wird, geht es sehr nahe, wenn ein solch junges Erdenleben überraschend ausgelöscht wird. Der kleine Joachim verlor den Kampf gegen den Tod, er hinterließ eine Mutter, die in ihrer Trauer nicht mehr von dieser Welt schien.

Der plötzliche Tod des drei Monate alten Buben warf Katharina völlig aus der Bahn. Sie wollte nicht wahrhaben, dass es Dinge gibt, die außerhalb menschlicher Kontrolle liegen, die weder mit geistigem noch mit fachlichem Können zu steuern sind und die man einfach als Schicksal annehmen muss. Alles, was man tun kann, ist, mit Tränen der Hilflosigkeit und der Trauer seinen Schmerz zu zeigen und ein wenig zu erleichtern. Katharina konnte nicht glauben, dass es auch für sie menschliche Niederlagen geben könne, und litt unter dieser Erkenntnis. Sie wollte sich mit dem Erlebten nicht abfinden, sie suchte nach Gründen, und sie suchte nach dem Verantwortlichen. Die Todesursache des Kindes konnte ihr niemand erklären, bis heute werden über den »plötzlichen Kindstod« Studien erarbeitet, die zur völligen Klärung des Phänomens dienen sollen. Aber die Verantwortung für den Tod kann man niemandem zuschreiben, denn über Leben und Tod entscheidet nur Gott, der Allmächtige.

Durch diesen unvorhergesehenen Schicksalsschlag erhielt auch die Ehe von Katharina und Hubert Risse. Katharina wollte den Trost ihres Mannes nicht annehmen, obwohl dieser sich wirklich liebevoll darum bemühte, seiner Frau über den Tod des geliebten Sohnes hinwegzuhelfen. Sie hatte sich entschieden, in ihrer Trauer alleine zu sein. Und sie wollte auch dieses Leben alleine weiterführen. Es kam zum Zerwürfnis und zur endgültigen Trennung im darauf folgenden Sommer. Katharina packte alles, was sie hatte, in zwei große Kisten, setzte ihre Tochter in den Kinderwagen und verschwand vorerst aus Huberts Leben.

Die Zeit der Einsamkeit war für die junge Mutter nicht leicht. Katharina, die es nicht gewöhnt war, sich den Anforderungen des täglichen Lebens zu stellen, war nun hilflos dem Alleinsein ausgeliefert.

Sie begann zu suchen. Nach wem, nach was, sie wusste es selbst nicht. War es der Partner, der ihr fehlte, oder woher kam die Trostlosigkeit, die Leere? Auch die kleine Anneliese konnte sie nicht aus ihrer Lethargie herausholen. Katharina glaubte, eine neue Partnerschaft würde ihr wieder zu einem erfüllten Leben verhelfen, und machte sich schon bald auf die Suche nach einem Lebensgefährten.

Sie wurde bald fündig und heiratete in aller Stille einen Mann aus der Stadt, von dem ich nie zuvor etwas gehört hatte. Sie hoffte, so wieder Ruhe finden zu können, doch der wohl etwas voreilige Schritt sollte ihr kein Glück bringen. Es dauerte gerade zwei Jahre, bis auch Katharinas zweite Ehe geschieden wurde. »Wir waren Gegensätze«, erklärte sie mir später, »und nun stehe ich vor neuen Trümmern. Bin ich für eine Ehe nicht geschaffen?«, fragte sie mich – eine Frage, die ich ihr zu dieser Zeit nicht beantworten wollte, denn ich empfand es als sinnlos, zu erklären, dass Ehe, Glück und Familie ein immer währendes Geben und Nehmen darstellen.

Die kleine Anneliese hatte von den Ereignissen um ihre Mutter nicht allzu viel mitbekommen, sie lebte die meiste Zeit bei den Großeltern, und am Wochenende besuchte sie regelmäßig ihren Vater.

Die Jahre vergingen. Katharina zog in die Stadt und bekam in der neuen Umgebung auch einen neuen Bekanntenkreis. So verlor ich das weitere Schicksal der Familie aus den Augen. Doch eines Tages begegnete ich dieser ruhelosen Frau mit der sechsjährigen Anneliese an der Hand wieder. Die war nun ein hübsches, kluges Kind mit großen Augen, die mich aufmerksam, fast kritisch begutachteten. Unser Gespräch verfolgte sie aufmerksam, interessiert, wobei ihre Augen vom einen zum anderen gingen. Nicht nur ihre Aufmerksamkeit blieb mir in Erinnerung, sondern auch die ruhige, freundliche Art, die dieses Kind ausstrahlte, ganz im Gegensatz zu ihrer Mutter, die immer auf der Suche nach einem anderen Leben schien. Ich erfuhr, dass Katharina wieder mit einem Mann zusammenlebte, der sie auch gerne geheiratet hätte, doch wollte sie die Ehe zunächst nicht noch einmal wagen. Die kleine Anneliese war zwar mit ihrer Mutter in die andere Stadt gezogen, verbrachte aber nach wie vor viel Zeit bei den Großeltern und auch bei ihrem Vater. In ihrem kindlichen Redefluss erzählte sie mir, sie komme in diesem Jahr in die Schule, und sie müsse sich bald entscheiden, in welche Schule sie gehen solle. Welche Bedeutung dieser Satz hatte, war mir an diesem Tag nicht bewusst, ich sollte es erst bei meinem nächsten Treffen mit dem kleinen Mädchen erfahren.

Es verging wieder einige Zeit, bis ich an einem Frühlingstag – Blumen und Blüten standen in voller Pracht – Anneliese wieder sah. Sie war während dieser Zeit noch größer und reifer geworden. Als sie mich sah, winkte sie mir lachend zu und begrüßte mich mit einer herzlichen Umarmung. Wir sprachen erst über belanglose Dinge. Dabei erzählte ich ihr, dass sie an einem so herrlichen Tag wie heute zur Welt gekommen sei. »Ich weiß«, antwortete sie, »und es war ein Sonntag um die Mittagszeit, als die

Sonne am höchsten stand, Mama hat mir schon oft davon erzählt.« Nach kurzem Nachdenken fuhr sie fort: »Mama lebt allein, weil ich zu meinem Papa umgezogen bin und bei ihm in die Schule gehe.« Ich musste erst Annelieses Worte überdenken, als sie mir weiter erzählte, dass sie sich schon immer mehr zu Papa hingezogen fühlte, zu dem verständigen, liebevollen Mann. Er sei wieder verheiratet, mit einer »tollen Frau«, habe zwei gut erzogene Kinder, und sie, Anneliese, sei als drittes Kind wohl umsorgt in seiner Familie aufgenommen worden. »Es ist gut leben bei Papa, bei meinen Halbgeschwistern und bei Irene, zu der ich Mama sage«, erklärte mir Anneliese.

Bei dieser Lebensgeschichte musste ich erst meine Gedanken ordnen, um ihr folgen und Fragen stellen zu können. »Was sagt denn die Mutter zu deiner Entscheidung?« – »Ach, die Mama«, gab mir Anneliese zur Antwort, »vielleicht ist sie froh, dass ich mich so entschieden habe, vielleicht auch nicht, wer soll das wissen, sie schweigt darüber. Und sie hat mich ziehen lassen, ohne Widerspruch.« – »Wäre es dir nicht lieber, du könntest bei deinen Eltern leben? Das wäre für dich doch sehr viel einfacher!«, fragte ich Anneliese. Ein klares Nein kam als Antwort. »Ich möchte, dass die beiden getrennt bleiben. Es soll so bleiben, wie es ist. Ich habe einen wunderbaren Papa, eine ganz tolle Zweitmama, die ich sehr mag, und liebe Halbgeschwister, die sich freuen, dass ich zu ihnen gekommen bin.« Von der Liebe zu ihrer leiblichen Mutter hörte ich nichts. Anneliese sah mich eine Weile nachdenklich an, als sie ihre Gedanken aussprach: »Und du bist meine Freundin, die liebste, die ich habe.«

Nachdenklich verließ ich Anneliese, meine kleine Freundin, von der mich, am Alter gemessen, Welten trennten.

Das Ende der Geschichte ist schnell erzählt. Anneliese wurde eine glückliche junge Frau, die in der Familie des Vaters ihre Heimat gefunden hatte. Sie meisterte ihr Leben erfolgreich, und ich durfte miterleben, wie sie gesunde Zwillingsbuben zur Welt brachte. Ihre Mutter Katharina habe ich nie mehr getroffen. Aus Erzählungen weiß ich, dass sie der ruhelose, gejagte Mensch geblieben war, als den ich sie kennen gelernt hatte. Auch eine dritte Ehe brachte ihr auf der Suche nach dem richtigen Weg kein Glück, sie starb kurz nach ihrer dritten Scheidung. Als einsame Frau mit gebrochenem Herzen wurde sie an einem strahlenden Sonntag im Sommer um die Mittagszeit zu Grabe getragen – als die Sonne am höchsten stand.

## *Das Feuermal*

Es war mir immer eine besondere Freude, den Natternberg per Fahrrad oder mit dem Lloyd zu erklimmen. Auf dieser Anhöhe stand das kleine Gütl der Kleinhofbäuerin Leni. Ich schätzte die Menschen sehr, die hier oben in dieser einsamen, aber so friedlichen kleinen Oase lebten, weit weg vom Lärm der Straße und der Geschäftigkeit der Menschen. Nur beim Blick auf das Inntal und auf die Dächer der einzelnen Höfe wusste man, dass es außerhalb des Anwesens noch Menschen gab. Den Hof erreichte man durch die knarrende Tür des Vorgartens, der von Frühjahr bis Herbst eine Fülle von Blumen barg, die in allen Farben leuchteten und herrlich dufteten. Vorbei an einem rosenumrankten Marterl, das an die gefallenen Söhne des Hauses erinnerte, gelangte man zur Haustür. Von Wind und Wetter gegerbt, stand das Wohngebäude da. Die Inschrift mit der Jahreszahl 1607 war stummer Beweis dafür, wie viele Jahrhunderte der Kleinhof schon hier oben auf dem Natternberg thronte. Und sicherlich auch dafür, wie viel Freud und Leid in diesem Haus ein- und ausgegangen waren.

Nun, in diesem Jahr war es ein freudiger Anlass, weshalb ich den Natternberg erklimmen sollte. Die Bäuerin Leni erwartete in wenigen Wochen ihr fünftes Kind. Es war ein heißer Sommer, viele Tage, ja Wochen hatte die Sonne ihre natürliche Gewalt gezeigt, Mensch und Tier litten unter der nicht enden wollenden Hitze. Die Felder lagen ausgedörrt da, schon lange hofften die Bauern auf Regen, der die Ernte vor dem Vertrocknen retten sollte.

Dann endlich war es so weit, die Schwalben flogen tief, und am Himmel zogen dunkle Wolken auf. Als der Julitag in die Nacht überging, war der Himmel fast schwarz verfärbt. Anstatt des erlösenden Regens drohte ein schweres Gewitter, und man befürchtete, dass es auf den Feldern schlimme Schäden anrichten würde. Immer bedrohlicher wirkten die dunklen Wolken, und der grollende Donner kam immer näher und wurde lauter und lauter. Ich war gerade auf dem Rückweg vom Birnerhof – die Birnerbäuerin hatte den ersehnten Hoferben zur Welt gebracht –, als ich den ersten Donnerschlag hörte. Schnell schob ich mein Fahrrad vor mir her, nach Hause würde ich es trockenen Fußes nicht mehr schaffen, der nächste Hof, der auf meinem Weg lag, war der Auhof. Ich fand dort noch rechtzeitig Unterschlupf, und als mich der Bauer in die gute Stube holte, war die Au-Bäuerin gerade dabei, die Wetterkerze anzuzünden. »Des wird heut a args Wetter«, sagte sie im ängstlichen Ton, wobei sie sich bekreuzigte und die Kerze in die Mitte des Tisches rückte. Dann legte sie los, die entfesselte Naturgewalt, die die Menschen mit Angst erfüllte. Der Regen prasselte herab, als hätte der Himmel alle seine Schleusen geöffnet, jedem Blitz folgte sofort ein Donner. Plötzlich erhellte ein Blitzstrahl die Stube, und ein Furcht erregender Donnerschlag folgte – dann war es still, beängstigend still. »Der Blitz hat Unheil angerichtet. Es hat da wieder oan troffen, aber wen? Dann gnade Gott für ihn«, verkündete der Bauer in der Au.

Schon bald sahen wir über den Gipfeln der Auenbäume, wie sich der Himmel rot färbte. Sofort fiel mir das Gütl der Kleinhofbäuerin ein, das dort lag. Sollte etwa der Blitz ausgerechnet dort zugeschlagen haben? Voller Angst dachte ich an die schwangere Bäuerin und diesen kleinen, aber schönen Hof, der mir von jedem Besuch in freudiger und guter Erinnerung geblieben war. Vier gesunden Kindern hatte ich dort schon zum Leben verholfen, und mit jedem Kind war in dem Haus noch mehr Liebe und Harmonie eingekehrt. Sollte der liebe Herrgott es ausgerechnet mit dieser Familie diesmal nicht so gut gemeint haben? Hatte das Gewitter den Hof zerstört, waren etwa seine Bewohner zu Schaden gekommen oder gar das ungeborene Kind? All diese Gedanken gingen mir durch den Kopf, als ich mich nach dem zerstörerischen Gewitter auf den Heimweg machte.

Zu Hause angekommen, wurde ich schon wieder zur nächsten Geburt gerufen, sodass ich zunächst nicht mehr an das Schicksal der Kleinhofbäuerin dachte. Erst nach Wochen war ich wieder auf dem Weg zum Natternberg. Bei Leni, der Kleinhofbäuerin, hatten die Wehen eingesetzt, ich sollte kommen und ihrem fünften Kind zum Leben verhelfen.

Auf dem Weg dorthin fiel mir wieder das schreckliche Gewitter ein, das kürzlich getobt hatte. War es nun wirklich der Kleinhof gewesen, der vom Blitz getroffen worden war und dessen Flammen weit in den Himmel lodernd für alle zu sehen gewesen waren? Schon bald erhielt ich Antwort auf meine Fragen, denn auf halbem Weg schlug mir Brandgeruch entgegen.

Meine schlimmsten Befürchtungen schienen sich zu bestätigen: Das Unwetter vor wenigen Wochen hatte mit all seiner Kraft zerstörerisch gewirkt. Viel war nicht übrig geblieben von dem Hof, der einst so stolz auf dem Natternberg thronte. Tenne und Stall waren ein Raub der Flammen. Die Weidetiere, die unter der großen Eiche Schutz gesucht hatten, waren vom Blitz erschlagen worden. Dem Bauern und der Bäuerin war von einem Tag auf den anderen die Lebensgrundlage entzogen worden. Für die damalige Zeit war dies ein unfassbarer Schicksalsschlag! Ihr Lebensunterhalt hing von der Landwirtschaft ab, von den Erträgen des Viehs und der Felder. Fast alles war ihnen genommen worden, nur das Wohnhaus blieb zum großen Glück insoweit erhalten, dass es bewohnbar war.

Als ich den ehemaligen Hof erreichte, erwartete mich Leni bereits im Vorgarten. Die Pracht, von der ich jedes Mal so beeindruckt gewesen war, ließ sich nur noch erahnen. Verkohlte Blumenreste lagen über den Boden verstreut, und auch das Marterl, das so stolz an die gefallenen Söhne erinnerte, glich nur noch einem schwarzen, verbrannten Holzstab. Leni begrüßte mich herzlich, ihre Augen, die sonst immer so erfrischend strahlten, wirkten müde und blass. Die Strapazen und das Unglück der letzten Wochen waren in ihrem Gesicht zu lesen. Und trotzdem bemühte sie sich zu lächeln und antwortete, ohne dass ich gefragt hatte: »Wir schaffen das wieder, lass nur mein Kinderl kommen, dann werden wir unseren Hof wieder aufbauen und zu dem machen, was er einmal war. Aber Hauptsach, wir sind alle mit dem Leben davongekommen.« Ich bewunderte diese Frau, die vor mir stand, die Hände vor ihrem schwangeren Bauch gefaltet hatte und fast trotzig über das blickte, was von dem Anwesen übrig geblieben war. Aber diese Stärke zeichnete die Menschen damals aus, sie nahmen ihr Schicksal an und haderten nicht. Auch wenn es fast Unmenschliches von ihnen verlangte, fingen sie wieder von vorne an im Schweiße ihres Angesichts und mit ihrer Hände Arbeit. Es waren Zeiten, die man sich heute kaum mehr vorzustellen vermag, ein von Armut geprägtes Dasein, das jeden Tag aufs Neue den Kampf ums Überleben mit sich brachte. Und trotzdem strahlten diese Menschen eine innere Zufriedenheit aus, sie waren zufrieden mit dem einfachen Leben und mit dem, was sie geschaffen hatten.

Da stand sie nun, die Kleinhofbäuerin, hochschwanger und fest entschlossen, für sich und ihre Familie einen Neuanfang zu wagen. Doch zunächst musste ihr fünftes Kindl auf die Welt gebracht werden. Auch die anderen vier Kinder hatte ich entbunden, und ich konnte mich an jede einzelne Geburt erinnern. Komplikationslos und schnell waren sie alle verlaufen, nun hoffte ich, dass es beim fünften Kind auch so sein sollte. Doch die Leni hatte eine große Sorge, die sie mir, bevor es mit der Geburt losging, noch anvertrauen wollte.

»Weißt, Rosi«, sagte sie, »ich hab fürchterliche Angst, dass mein Kind vielleicht Schaden gelitten hat durch das furchtbare Unwetter vor ein paar Wochen. Ich hab einen schweren Schock gehabt, als der Blitz unseren Hof erwischt hat und alles abgebrannt ist. Und ich hab Angst, dass mein Kind das gespürt hat.« Ich beruhigte sie und erklärte ihr, dass der Entwicklungsprozess des Kindes zu diesem Zeitpunkt schon so gut wie beendet gewesen sei, und somit seien auch höchstwahrscheinlich keine Folgen zu befürchten. Leni ließ sich nur ein wenig beruhigen, ganz war die Sorge um das Ungeborene noch nicht von ihr gewichen, zu schwer nagten die Erinnerungen an das Geschehene an ihr.

Die Geburt der kleinen Mathilda dauerte nur wenige Stunden, überglücklich hielt Leni ihre kleine Tochter in den Armen. Das Kind schien vollkommen gesund, alle Sorgen der Mutter waren gegenstandslos geworden – oder doch nicht? Nachdem ich das kleine Mädchen erstversorgt hatte, sah ich auf einer Gesichtshälfte des Kindes ein kleines Feuermal. Es war so groß wie ein Daumennagel, und als ich es genauer betrachtete, konnte ich feststellen, dass es nur oberflächlich angelegt war. Welch ein Glück für das kleine Mädchen, denn aus Erfahrung wusste ich, dass so ein Feuermal im Laufe der Jahre höchstwahrscheinlich verblassen würde. Andere entstellende Blutmale am Körper eines Kindes hatte ich schon oft erlebt, tief angelegt unter der Haut. Und verzweifelte Mütter, die ihr Kind auf ewig entstellt sahen. Aber wie gesagt, die kleine Mathilda hatte Glück, das Blutmal war zwar in seinen Farben rot, blau, leuchtend, doch hatte es sich nicht unter der Haut angesiedelt.

Leni jedoch, die Mutter, klagte: »Ich hab's ja gleich gsagt, umsonst hab i' die Angst net ghabt, und jetzt muss des Dirndl mit dem Feuermal leben.« Ich konnte diese unglückliche Mutter trösten, indem ich ihr erklärte, dass dieses unschöne Mal sich sehr gut kosmetisch abbauen ließe. Vielleicht würde es auch eines Tages von selbst verblassen, sodass die Sorgen unbegründet seien. Und ich sollte Recht behalten.

Nach vielen Jahren führte mich mein Weg wieder einmal hinauf auf den Natternberg. Was ich sah, erfreute mein Herz zutiefst. Der Hof war wieder aufgebaut, sogar größer als ursprünglich stand er da. Das Vieh war auf der Weide und fraß im Sonnenschein das saftige grüne Gras. Und wieder begrüßte mich ein buntes Blumenmeer mit den verschiedensten Düften, als ich durch den Vorgarten auf das Haus zuging. Auch das Marterl zu Ehren der toten Söhne war wieder aufgestellt, wie damals von Rosen umrankt. Der einzige Unterschied, so schien es mir, war, dass die Tür zum Vorgarten beim Öffnen nicht mehr knarrte so wie damals, bevor das große Unglück geschehen war.

Die Bäuerin empfing mich mit offenen Armen und einem strahlenden Lächeln. Natürlich waren die Jahre nicht spurlos an ihr vorübergegangen, doch hatte sie noch immer – oder wieder – dieses Funkeln in den Augen, das ich seit jeher an ihr so sehr geschätzt hatte. Sie unterbrach ihre Arbeit und bat mich, mit ihr in die Stube zu gehen. »Danken wollte ich Ihnen, Frau Linner, schon so lange. Und erst jetzt komm ich dazu. Danken für Ihre guten Worte damals nach der Geburt von der kleinen Mathilda. So unglücklich war ich wegen dem Feuermal in ihrem kleinen Gsichterl, und alles is doch no' gut aus'gangen, so wie Sie's mir schon damals gsagt haben.«

In diesem Augenblick ging die Tür auf, und ein kleines, fröhliches Mädchen sprang herein, setzte sich auf den Schoß der Mutter, versteckte sich unter der großen Küchenschürze und blinzelte spitzbübisch zu mir herüber. Die Mutter lachte und sagte zu mir: »Schau selber, das ist die kleine Mathilda, koa Spur siehst mehr von dem Feuermal, es ist fast ganz verblasst.« Und als wollte die Bäuerin ihren Worten noch mehr Nachdruck verleihen, liebkoste sie das Kind über und über das ganze Gesicht. Wie schön war es, diese glückliche Familie zu beobachten, die nach so viel Sorgen und Nöten einen Neuanfang gemacht hatte und all das noch einmal erleben durfte, was schon einmal für sie Leben bedeutet hatte.

Um die Geschichte aber vollends abzuschließen, muss ich doch noch einen Umstand erwähnen, der zum Denken Anlass gibt. So erzählte mir die Bäuerin noch beim Abschiednehmen: »Ganz ungeschoren ist es doch nicht davon'kommen, des Dirndl; das Kind hat vor jedem Gewitter eine panische Angst.«

## *Das gebrochene Becken*

Sie hieß eigentlich Maria Anastasia, aber von Kindheit auf nannten sie ihre Familie und ihre Verwandten einfach Stasi. Vor mehreren Jahren waren diese Leute als Flüchtlinge aus Böhmen gekommen und wurden hier ansässig. Verheiratet war Stasi mit Benedikt, einem gutmütigen Forstarbeiter, der seine Frau liebte, wie sie war. Stasi war eine treu sorgende Ehefrau, sparsam und bescheiden, doch was ihr fehlte, war die menschliche Wärme. Nur sehr selten hatte sie ein gutes Wort oder eine zärtliche Geste für ihren Mann. Vielleicht waren ihre Erlebnisse auf der Flucht aus der Heimat der Grund für diesen Mangel an Gefühl. Fast all ihr Hab und Gut hatten sie damals zurückgelassen, und voller Verbitterung hatten sie ihr neues Leben begonnen. Alles, was zählte, war das Geld. Stasis Ehemann arbeitete im Forst, und sie selbst ging in den Tagelohn. Beide standen morgens um halb fünf Uhr auf, arbeiteten den ganzen Tag, machten sich ein kärgliches Abendbrot und gingen wieder zu Bett. So verging die Zeit, und auch wenn die beiden so etwas wie Lebensfreude kaum kannten, brachten sie es durch ihren Fleiß und durch Sparsamkeit zu einem gewissen Wohlstand. Bald hatten sie so viel Geld erspart, dass sie aus ihrer kleinen Wohnung ausziehen konnten in ein eigenes Haus. Beide waren stolz, das erreicht zu haben. Dass sie kinderlos waren, störte die beiden in ihrer Zufriedenheit nicht. Im Gegenteil – Kinder kosten Geld, und dieses kann man besser anlegen, indem man es auf das Sparbuch legt. Geld war immer sehr der Dreh- und Angelpunkt ihres Lebens.

Die Zeit verging, und Stasis Mann Benedikt litt von Jahr zu Jahr mehr an seiner Kriegsverletzung – einem Granatsplitter. Dieser hätte leicht entfernt werden können, doch Benedikt weigerte sich, dies zu tun. Warum dies so war, weiß eigentlich niemand genau. Vielleicht erhoffte er sich ein wenig Mitleid von seiner Ehefrau, Mitgefühl und Zuspruch. Doch leider erreichte er das genaue Gegenteil. Stasis Mitleid mit ihrem an Schmerzen leidenden Ehemann hielt sich sehr in Grenzen. Ihr Kommentar war: »Hättst deinen Allerwertesten net hinghalten«, und sie empfahl ihm Schmerztabletten einzunehmen – natürlich nur die, die es in den Apotheken gelegentlich kostenlos als Probepackung gab.

So vergingen Jahre, die Arbeit bestimmte das Leben der beiden, für Freunde oder Spaß am Leben hatten Stasi und Benedikt nach wie vor keine Zeit.

Nun fing auch Stasi an zu kränkeln. Ihre Nieren funktionierten nicht mehr so, wie sie sollten, und die Schmerzen wurden für die Frau bald unerträglich. Sie behalf sich zunächst mit Hausmitteln, die wesentlich billiger waren als die Medikamente aus der Apotheke. Der Erfolg war aber auch weitaus geringer, als er mit anderen Medikamenten gewesen wäre. Als die Stasi nur noch im Bett liegen konnte, ihr die Stimme versagte und die Glieder nicht mehr wollten, schickte sie nach dem Hausarzt. Doch auch er war machtlos gegen diese Krankheit. Nach langer Diskussion überzeugte er die Stasi, sich in einer Spezialklinik in München untersuchen zu lassen. Sie weigerte zunächst, weil die Behandlung eine Menge Geld kosten würde, doch als ihr der Arzt versicherte, dass es um Leben und Tod gehe, willigte sie ein und gab nach.

Stasis Gesundheitszustand verschlechterte sich mit jedem Tag. Schließlich wurde Benedikt an das Bett seiner sterbenden Frau geholt, um noch letzte Worte mit ihr zu sprechen. Doch Stasi sträubte sich gegen den Tod mit aller Gewalt, und in ihrer Zähigkeit gelang es, den Kampf zu gewinnen. Mehrere Male wurde Benedikt nach München beordert, und stets war es ein Fehlalarm. Die Ärzte sprachen von einem Phänomen, das nicht zu erklären sei. Doch Benedikt, der Ehemann, wurde dieses ständige Hin und Her leid, und er kapitulierte vor dem zähen Lebenswillen seiner Frau. Er fuhr nicht mehr nach München. Er hatte sich damit abgefunden, dass Stasi nicht mehr zurückkehren würde, und er wartete jeden Tag auf den Anruf aus der Klinik, dass es mit seiner Frau zu Ende gegangen sei.

Doch eines Tages stand Stasi vor der Tür, als gesund aus dem Klinikum entlassen. Benedikt war völlig überrascht und meinte: »Ja, gibt's denn des auch?« Er hatte doch schon alle Vorbereitungen für Stasis letzten Weg getroffen, und nun stand sie – blass und abgemagert zwar – wieder vor ihm und beanspruchte ihr rechtmäßiges Zuhause. »Die ist zäh und ausdauernd«, meinte der Benedikt, »genauso wie ihre Familie.« Noch immer verständnislos über diese Entwicklung, sinnierte er: »Die sind so zach! Wie damals die Russen 'kommen sind und in' Ort hineingschossen haben, da haben s' alleweil noch alles gesackelt. Solche Menschen, die sind net zum Umbringen«, glaubte er abschließend sagen zu müssen.

Monate vergingen, Stasi erholte sich schnell. Es war zwar niemand da, der sie pflegte, auch nicht ihr Ehemann, denn seine Gefühle gegenüber seiner Frau waren längst erloschen. Vielmehr war es der eiserne Wille der Stasi, noch nicht sterben zu wollen, der sie wieder zu Kräften kommen ließ.

Mittlerweile hatte sie die Vierzig längst überschritten. Als sie mich besuchte, berichtete sie mir, dass es ihr auch jetzt nicht sehr gut gehe, weil ihr das Klimakterium zu schaffen mache. »Diese Übelkeit ist schwer zu ertragen«, jammerte sie.

»Ist es auch wirklich nur das Klimakterium?«, fragte ich vorsichtig. Etwas entsetzt schauten mich zwei dunkle Augen verständnislos an. »Sie meinen, ein Kind könnte ... Nein, nein, ich bin dreiundvierzig, und die Ärzte haben mir versichert, dass eine Schwangerschaft in meinem Fall und unter den gegebenen Umständen völlig ausgeschlossen sei«, antwortete sie. – »Ich wäre da nicht so sicher«, gab ich ihr zu bedenken.

Es bedurfte nur einer ausführlichen Untersuchung, und das Ergebnis stand fest: Die Stasi war im zweiten Monat schwanger. So nahmen die Dinge ihren Lauf. Das Kind ließ sich weder von der Meinung der Ärzte noch vom Unmut der Eltern in seinem Wachstum aufhalten. Die Monate gingen ins Land, und bald war der Bauch der Stasi so groß und dick, dass sie es weder gegenüber sich selbst noch gegenüber der Außenwelt leugnen konnte, wie es um sie stand.

Angesichts ihrer vorausgegangenen Krankengeschichte riet ich der werdenden Mutter, das Kind in einer Klinik in München zur Welt zu bringen. Zwar brachte Stasi die Schwangerschaft ohne Komplikationen hinter sich, und auch ihre Gesundheit schien wieder gut zu sein, doch wollte ich sichergehen, dass in einem Notfall die modernste medizinische Versorgung gewährleistet war.

Obwohl man mit Komplikationen rechnete, ging schließlich alles gut. Auf natürliche Weise kam ein Junge zur Welt. Stasi, die Mutter, sah den Vorgang aber in einem ganz anderen Licht, wie sie mir in ihrem einfachen Denken berichtete. »Diese Geburt war in ihrem Ablauf eine einzige Katastrophe. Einmalig, kann ich Ihnen sagen. Der Arzt, der musste mir das Becken brechen, damit der Bub kommen konnte. Es war grausam.« Nun folgten Einzelheiten dieser außergewöhnlichen Geburt, die nicht nachvollziehbar waren. Hatte Stasi an Halluzinationen gelitten in diesen Stunden? Wie sonst könnte man dem Arzt eine solche Ungeheuerlichkeit anlasten, der nur gewisse fachliche Griffe anwendete, um ihr die letzten Wehen zu erleichtern?

Natürlich machte Stasis ungeheuerliche Aussage im Ort die Runde. »Eine solche abenteuerliche Geburt hat sie in München erlitten, die Stasi«, hieß es. »Gab es da keine andere Lösung als einen Beckenbruch in der heutigen Zeit? Das ist ja ungeheuerlich und verantwortungslos.« Andere meinten: »Wie kann man mit einem zerbrochenen Becken denn noch laufen? Und so flink wie die Stasi?«

Schließlich zog man ihre Aussagen in Zweifel, und mit einer abwertenden Handbewegung ging man über die Sache hinweg, weil man über Hirngespinste nicht näher nachdenken wollte.

So absurd und eigenwillig die Geschichte seiner Geburt war, so seltsam sollte sich auch das Leben des Buben gestalten. Der kleine Philipp wuchs zu einem sonderbaren Kind heran, dessen Erziehung ausschließlich in den Händen der Mutter lag. Stasi hatte sich nicht verändert, auch das Gottesgeschenk eines Kindes hatte diese harte, verhärmte Frau nicht weich und liebevoll werden lassen. Sie war wie immer: streng, lieblos, abweisend, und Gewalt und Schläge waren nichts Ungewöhnliches bei ihr. In den Augen des Buben lagen Trauer, Angst und eine gewisse Verschlagenheit. Dabei war er so dankbar für jede kleine Liebkosung und ein kurzes Streicheln über sein Haar. Das waren Augenblicke des Glücks für dieses Kind! Meine Einwände über Philipps harte Erziehung ignorierte seine Mutter. »Das ist meine Sache, und es ist notwendig«, war ihr Argument. Einzig und allein der Vater war es, der sich ab und zu mit Liebe um seinen Sohn kümmerte, der ihn umarmte, ihm auf die Schultern klopfte, ihn lobte oder einfach mit ihm sprach und für ihn da war. Doch Benedikt war zu krank, um ständig um den Sohn zu sein und ihn vor den Anfeindungen der Mutter in Schutz zu nehmen.

Philipp wurde eigenbrötlerisch, er zog sich immer mehr in sich selbst zurück, und der Hass auf seine Mutter wuchs. Die Jahre vergingen, und es blieb ein liebloses Haus, in dem die Familie wohnte. Die Besuche, die ich diesen Leuten abstattete, endeten immer unbefriedigend. Ich war unglücklich über die Tatsache, dass ich Stasi nicht dazu bringen konnte, ihr Verhalten auch nur ein bisschen zu ändern. Philipp weinte, wenn ich ging, weil er mich als Vertrauensperson lieb gewonnen hatte, und die Stasi stand uneinsichtig und keifend in der Tür, wenn ich mich verabschiedete.

Das Leben der drei wäre wahrscheinlich noch einige Jahre so weitergegangen, wäre nicht eines Tages überraschend der Vater gestorben. »Mitsamt seinem Granatsplitter im Hintern ist er gstorben, der Arme«, jammerte die Stasi. Zum ersten Mal in ihrem Leben zeigte sie ein Gefühl, denn sie trauerte sehr um ihren Mann. Die Beerdigung fand im kleinsten Kreise statt, kaum einer aus dem Dorf hatte guten Kontakt zu der Familie gehabt, selbst die letzte Ehre wollten die wenigsten dem Benedikt erweisen. Philipp, zu diesem Zeitpunkt schon ein Halbwüchsiger, stand lange am Grab seines Vaters. Es schien, als wollte er von weit mehr Abschied nehmen als nur von einem Toten. Auch Stasi weinte am Grab bittere Tränen. Sollte sie jetzt, da es zu spät war, erkennen, wie wichtig Benedikt in ihrem Leben war?

Mit dem Tod von Benedikt hatte Stasi noch viel mehr verloren, als sie glaubte, doch das war ihr zu diesem Zeitpunkt noch nicht bewusst. Benedikt war der Einzige gewesen, der den Sohn noch zu Hause gehalten hatte; denn von ihm hatte er väterliche Liebe und Respekt bekommen. Nun, nach dem Tod des Vaters, hatte Philipp nichts mehr zu erwarten, denn jetzt waren auch die letzten Bande zwischen Mutter und Sohn zerrissen. Philipp tat das, was er tun musste, er verließ die Mutter, um ein eigenes Leben in einer anderen Stadt anzufangen.

Jahre später habe ich erfahren, dass er als Waldarbeiter tätig war und einen eigenen Hausstand gegründet hatte. Eine Frau und zwei kleine Mädchen zählten zu seiner Familie, auf die er sehr stolz war und die er innig liebte. Es hieß, er habe auch diese eigenbrötlerischen Wesenszüge abgelegt. Ich glaube, er hatte sich von dieser Last schon damals befreit, als er das elterliche Haus verließ. Manchmal muss man alles hinter sich lassen, um neu anfangen zu können. Philipp hat dies beherzigt und hat sich so ein neues, glückliches Leben schaffen können.

Stasi war einsam geworden und hatte Zeit zum Grübeln – zum Nachdenken über die zerbrochene Liebe ihres Sohnes und über das beachtliche Erbe, das sie nach ihrem Tod hinterlassen würde. In einem Gespräch mit mir sinnierte sie: »Der Bub, der mag mich nicht. Warum eigentlich?« – »Ja, wundert Sie das?«, gab ich ihr zur Antwort.

Darauf schwieg die Stasi. In ihren Augen war alles richtig, was sie gemacht hatte. Sie hatte sich abgearbeitet, um zu Geld zu kommen, hatte ein Kind in die Welt gesetzt und dieses großgezogen. Was konnte an diesem Leben falsch gewesen sein? Dass das Leben auch aus Zuneigung, Wärme, Liebe besteht, kam ihr selbst zu diesem Zeitpunkt nicht in den Sinn.

Sie hatte für den Fall ihres Todes alles geregelt, wie sie mir sagte. »Wissen Sie«, meinte sie, »auf die Menschen ist kein Verlass. Treu sind nur die Tiere, und deshalb habe ich verfügt, dass mein ganzes Vermögen an ein Tierheim geht und Philipp nur seinen Pflichtteil bekommt.« – »Aber Stasi«, rügte ich sie. »Ihre Tierliebe in allen Ehren, aber erst kommt der Mensch – dann das Tier.« Doch das ließ die Stasi nicht gelten, sie blieb stur und regelte ihren letzten Willen, wie sie es beschrieben hatte.

Es dauerte noch einige Jahre, bis die Stasi starb, einsam und verlassen in ihrem Haus. Mit einigen Freunden und Verwandten begleitete ich sie auf ihrem letzten Weg. Nur einer fehlte – Philipp, ihr einziger Sohn.

## *Das Muttermal*

Düster und drohend hingen die Wolken über den Bäumen des Eigwaldes. In der Dämmerung stand er fest und beständig, als wäre er für die Ewigkeit geschaffen. Durchquerte man ihn, kam man zu einer Brücke. Wenn man darüberging, sah man sich mit der Naturgewalt des Wildbaches konfrontiert, der unter ihr dahinrauschte. Er zischte und spritzte so laut, dass man kaum sein eigenes Wort verstehen konnte, ein beeindruckendes Schauspiel.

Diesen Weg bin ich nicht sonderlich oft gegangen. Er führte hinauf zur Anhöhe nach Egling, einem kleinen Ort mit Kirche, Schule und mehreren bäuerlichen Betrieben. Für dieses Dorf war eine meiner Hebammenkolleginnen zuständig. Doch wenn sie erkrankt war, übernahm ich zum großen Teil ihre Fälle. Das war in der damaligen Zeit so üblich. Die wenigen Hebammen, die es gab, mussten sich bei Krankheit oder Urlaub untereinander absprechen und die Vertretung regeln.

Notburga, die kurz Burgi genannt wurde, erwartete mich in einem der neu erbauten Häuser am Ortsrand. Das erste Kind der Familie Zirl sollte in Kürze das Licht der Welt erblicken. Da es der Burgi nicht sehr gut ging, wurde ich schon frühzeitig geholt. Ludwig, der junge Vater, war in großer Sorge. Auch dessen Mutter Zenzi, die auf Grund der bedenklichen Lage herbeigeholt worden war, zog ihre Stirn in Falten.

Burgi lag in ihrem Bett und wimmerte vor sich hin. Die ungewohnten Schmerzen machten ihr zu schaffen. Sie konnte damit nicht umgehen und ließ sich von ihren Gefühlen und Empfindungen treiben. Am Ende des Bettes ging der werdende Vater rastlos auf und ab, räusperte sich ständig und sah immer wieder auf die Uhr. Die Schwiegermutter saß ungeduldig wartend auf dem Sofa und munterte ihre Schwiegertochter auf mit den Worten: »Geh weiter, stell dich doch net so an, a jede hat scho' a Kind auf d' Welt 'bracht, des wirst jetzt du scho' auch no' schaffa.«

Kurz und gut, es war keine wirklich entspannte Atmosphäre, um ein Kind zur Welt zu bringen. Nachdem ich mich überzeugt hatte, dass der Gesundheitszustand der Burgi gut war, nahm ich mir die werdende Großmutter zur Seite. »Jetzt seien S' doch nicht so ungeduldig mit der Burgi. Sie sehen doch, dass sie Schmerzen hat. Das Kind will noch nicht auf die Welt kommen, das wird noch einige Zeit dauern.«

»Zu meiner Zeit hätt's des net 'geben, des stundenlange Liegen im Bett. Mir ham die Kinder 'kriegt, ham alles z'samm'packt und sind wieder zum Arbeiten 'gangen. Wo hätt's denn des 'gebn, a Pause von der Arbeit, nur wegen dem Kinderkriegn«, entgegnete mir Zenzi. Ich antwortete höflich, aber bestimmt, dass sich die Zeiten geändert hätten und dass das Wohl des Kindes und das Wohl der Mutter vor aller Arbeit kämen. Zenzi zog den

Kopf ein, verschränkte die Arme, stand demonstrativ auf und ging aus dem Zimmer. Auch der werdende Vater erkannte die Situation und verließ gleich hinter seiner Mutter den Raum.

Endlich war ich mit Burgi alleine, konnte mich mit ihr unterhalten und ihr helfen, zur Ruhe zu kommen, wie das für eine werdende Mutter notwendig ist. Ich erklärte ihr die Atmung während der Wehen und beschrieb ihr den genauen Vorgang der Geburt, den sie zu erwarten hatte. Bei vielen Frauen war es damals leider so, dass sie über den menschlichen Körper, die Schwangerschaft oder den Ablauf einer Geburt sehr, sehr unzureichend aufgeklärt waren. Es war üblich, dass man heiratete und bald danach schwanger wurde. Das große Erstaunen begann meist mit Wachsen des Bauches, mit den Schwangerschaftsbeschwerden und schließlich mit dem Einsetzen der Wehen. Es wurde wenig über solche Dinge gesprochen, Kinderkriegen gehörte dazu. Dass Kinderkriegen allerdings mehr bedeutete, als die Nacht mit einem Mann zu verbringen, das war den wenigsten Frauen bewusst.

So war es auch der Burgi ergangen: Kurz nach der Eheschließung war sie schwanger geworden. Vom Kinderkriegen hatte sie noch nicht viel gehört, da sie auf einem abgeschiedenen Hof als Einzelkind aufgewachsen war. Nun lag sie im Bett, überwältigt von den Schmerzen, die die Natur für eine Geburt vorgesehen hat. Bei Burgi dauerte es viele Stunden, bis sich das Kind entschließen konnte, auf die Welt zu kommen. Erst weit nach Mitternacht meldete sich der neue Erdenbürger mit einem Schrei zu

Wort. Es war zwar eine lange, aber doch komplikationslose Geburt, und der kleine Ludwig war ein gesundes Kind, das nun hier im neuen Haus geboren wurde – ein gutes Omen, sagten die Leute.

Es war alles in Ordnung in dieser Familie, man spürte die Liebe und Zufriedenheit zwischen den Menschen, und für ein gutes Leben ohne größere finanzielle Belastungen sorgte Vater Ludwig, ein tüchtiger Handwerksmeister. Mit den Jahren erweiterte sich dieser kleine Kreis, es kamen noch zwei weitere gesunde, kräftige Buben zur Familie hinzu: Georg, der die abstehenden Ohren seines Vaters geerbt hatte, und der kleine Hans, der seiner Oma väterlicherseits, also der Zenzi, wie aus dem Gesicht geschnitten ähnlich sah. Warum ich so genau auf die Ähnlichkeiten der Familienmitglieder hinweise, wird sich von selbst erklären, wenn ich von dem vierten Kind, der kleinen Maria, berichte.

Als sie geboren wurde, war der Friede in diesem schönen Haus verloren gegangen. Der Zufall wollte es, dass wieder ich ihr zum Leben verhelfen sollte, denn meine Kollegin lag zu diesem Zeitpunkt mit einer Nierenbeckenentzündung im Krankenhaus.

Bei meinem Besuch am ersten Wochenbetttag erschrak ich, denn was ich erlebte, war eine in sich zerstrittene Familie. Schon an der Haustür hörte ich schreiende, kreischende Stimmen, die eine Auseinandersetzung vermuten ließen. Mein Klopfen wurde überhört, und ich trat ohne Aufforderung in die Stube.

Meine Anwesenheit hinderte niemanden daran, den Streit fortzusetzen. Die erregte Stimme des Vaters brachte Vermutungen zu Tage, die mich entsetzten. Am liebsten hätte ich das Haus wieder verlassen, als ich die Anklage des Vaters mit anhören musste: »Für wie dumm hältst du mich denn überhaupts? Meinst, i' hab des net gspannt, dass zwischen dir und dem Loisl, deinem sauberen Jugendfreund, etwas lauft.« – Die Mutter unterbrach den Redeschwall ihres Sohnes und meinte beruhigend: »Nix Gewiss' woaß ma' net. Drum sollst auch so was net sagen.« – »Jawohl sag i' des. Schau dir des Kind bloß an. Der braune Fleck am Hals, der gleiche, wie ihn der Loisl hat. Des Dirndl, sag i' dir, stammt net von mir, ganz gwiss net.« Mit ein paar Schritten an das Bett der Wöchnerin tretend, schrie er: »A Kuckucksei hast mir ins Nest glegt, du Schlampen.«

Es war schrecklich, das miterleben zu müssen. Da lag eine weinende Mutter, da tobte ein in Zornesröte schreiender Vater, da saß eine hilflose Großmutter, die einem nur noch Leid tun konnte. Ich hoffte, dass ich in dieses Gespräch nicht hineingezogen würde. Doch da hörte ich die weinerliche Stimme der Großmutter: »Frau Hebamm, was sagen Sie zu derer Gschicht? Was meinen denn Sie?«

Jetzt musste ich antworten. Ich tat es ungern, doch um die Gemüter zu beruhigen, meinte ich: »Ein Muttermal ist noch lange kein Beweis für Burgis Untreue. Um Genaues zu erfahren, müsste ein Vaterschaftstest gemacht werden, aber das ist eine aufwändige Sache. – Möchten Sie das?«, fragte ich Ludwig, den Vater.

Schweigen war die Antwort. Für jetzt und heute war die umstrittene Diskussion beendet. Auch an den restlichen Wochenbetttagen kam dieses Thema nicht mehr zur Sprache. Das vermeintliche Kuckucksei wurde akzeptiert.

Im Nachhinein betrachtet, bestand der Verdacht wohl auch zu Recht; denn selten hatte ich solch ein eindeutiges familiäres Merkmal gesehen, das sich von Vater auf Tochter vererbt hatte. Und nachdem es nicht der Ludwig war, der ein solches Muttermal trug, sondern der Loisl, dazu exakt an der Stelle, wo es auch die kleine Maria am Hals hatte, war für mich schon bei meinem ersten Kindsbesuch klar, wer der Vater war. Doch ich war klug genug, dies als mein Geheimnis zu bewahren. Schließlich konnte die kleine Maria am wenigsten für ihre Herkunft, und mir war es wichtig, dass sie von ihrer Familie als vollwertiges Mitglied aufgenommen wurde. Doch ein bitterer Nachgeschmack blieb zurück.

Wie es der Zufall wollte, wurde ich eines Nachts wieder als Vertretung nach Egling zu einer unruhigen, ängstlichen Mutter geholt. Sie gab an, ihr Kind könne nur noch röcheln, sie brauche dringend Hilfe. Gott sei Dank stellte sich das Ganze als Fehlalarm heraus, das Kind hatte einen gehörigen Schnupfen und konnte nicht mehr frei durch die Nase atmen. Ich gab der Mutter Anweisungen, wie sie die Nase frei halten konnte, und begab mich wieder auf den Heimweg. Eine sternenklare, mondhelle Nacht ließ mich noch ein paar Augenblicke im Freien verweilen, um den wunderbaren Sternenhimmel zu betrachten. Da wurde ich von einer Bewegung am Parterrefenster des Nebenhauses abgelenkt. Dort stieg jemand ein – oder auch aus! Ein

Dieb? Nein, eine Frauengestalt schwang sich aus dem besagten Fenster und verschwand in den Büschen. Burgis Gesicht konnte ich gerade noch im Licht des Mondes erkennen, ein kurzes Geräusch – dann war es still. In diesem Augenblick wurde mir klar, dass der Zerfall der Familie Zirl nicht mehr aufzuhalten war. Burgi hatte sich schon lange von ihrem Mann abgewandt und war auf der Suche nach einem neuen Glück.

Kurz nach diesem nächtlichen Erlebnis erfuhr ich, dass sich die Eheleute getrennt hatten und Burgi das gemeinsame Haus verlassen hatte. Sie fand sich schnell zurecht in einem neuen Zuhause und mit einem neuen Mann in einer anderen Umgebung. Ihre vier Kinder nahm sie mit in diese Ungewissheit einer neuen Ehe.

Doch allen Unkenrufen zum Trotz: Diese Ehe hielt den Belastungen stand, denen sie ausgesetzt war. Mehrmalige Wohnungswechsel, ausgelöst durch neue Arbeitsstellen des Mannes, und die Schwierigkeit, dass die Kinder aus erster Ehe mit zwei weiteren, gemeinsamen Kindern von Burgi und Loisl zusammenleben mussten, konnten sie nicht gefährden. Auf meine Frage nach der kleinen Maria, deren Muttermal den Anstoß zu dem Zerfall der ersten Ehe gegeben hatte, meinte die Burgi: »Kann schon sein, dass der Ludwig Recht ghabt hat, aber des allein war's net. Mit dem Mann hätt ich auf die Dauer net leben können. Weißt, was ich mein'? Oft hab ich ihm gsagt, du bist mit der Arbeit verheiratet, aber ich bin auch noch da. Des hat er net begriffen und net kapiert, der Ludwig.«

Ludwig war ein guter Mann, der sich für seine Frau und Kinder abgearbeitet hatte. Sich selbst hatte er am wenigsten gegönnt von dem Geld, das er als Handwerksmeister verdiente: Er gab es aus, um seinen Kindern eine gute Zukunft zu ermöglichen. Nachbarn der Zirls haben mir später erzählt, wie es war, als die Burgi, mit Sack und Pack und ihren vier Kindern um sich, die Haustür hinter sich zuzog. Im Geiste glaube ich die Szene vor mir zu sehen: Ludwig steht regungslos am Fenster und beobachtet seine Familie, wie sie ihn verlässt. Er hat mir immer Leid getan, der Ludwig, denn das hatte er nicht verdient. Bei der Scheidung hat sich Ludwig vor Gericht das Recht erstritten, seine Kinder jedes Wochenende sehen zu dürfen. Das erleichterte ihm den Trennungsschmerz, und er sollte bis an sein Lebensende in einem liebevollen Kontakt mit seinen Kindern und Kindeskindern bleiben.

An seinem Sterbebett saß übrigens jenes Kind, das ihn am meisten von allen liebte: Maria.

## *Das rothaarige Dirndl*

Eigentlich war die kleine Marlies nett anzusehen – ein kleines, fest gebautes Mädchen mit langen, dicken, roten Zöpfen und einem fröhlichen Lachen. Doch das sah ich so, als erfahrene erwachsene Frau. Die Leute damals, vor allem die Kinder, sahen Marlies anders. Egal, wohin sie kam, sie war Ziel des Gehänsels der Menschen. Rotes Pummelchen, kleine Hexe und Ähnliches musste sich Marlies schon in jungen Jahren anhören. Ihre roten Haare, ihre kurzen Beine und die etwas abstehenden Ohren machten sie auch zum Gespött der Mitschüler. Man kann verstehen, dass sich Marlies vor der Schule fürchtete, zumal sie auch nicht besonders begabt war. »Es ist a Kreuz mit unserm Dirndl, weil's halt so viel Angst vor der Schul hat und vor den andern Kindern – weil sie sie immer die Rothaarige heißen«, beklagte sich die Mutter bei mir.

Marlies war das einzige Kind wohlhabender Bauern mit einem großen landwirtschaftlichen Betrieb und beachtlichem Waldbesitz. Sie war ein absolutes Wunschkind gewesen. Viele Jahre schon hatten die Eltern auf ein Kind gehofft, doch es wollte sich keines einstellen. Die Mutter, die Waldhofbäuerin, war in ihrer Verzweiflung oft zu mir gekommen und hatte um Rat gefragt. Doch auch ich konnte ihr nicht helfen. Mit den Worten: »Der

Herrgott wird's schon noch richten«, verließ sie dann mein Haus, immer in der Hoffung, ihr Herzenswunsch möge doch noch in Erfüllung gehen. Eines Tages war es dann wirklich so weit, sie kam freudestrahlend zu mir, und ich konnte diese erste Schwangerschaft bestätigen.

Doch hatte ich bei der Erstuntersuchung ein komisches Gefühl. So, wie mir die Waldhofbäuerin ihren Umstand beschrieben hatte, war das Kind nicht groß genug gewachsen, ich befürchtete, dass es sich auch weiterhin nicht richtig entwickeln würde. Und mit meiner Vermutung lag ich richtig. Es dauerte keine zwei Wochen, bis ich auf den Hof gerufen wurde, denn bei der werdenden Mutter hatten sich Komplikationen eingestellt. Es war für das Ehepaar ein fürchterlicher Schicksalsschlag, als ich ihnen mitteilen musste, dass das Kind nicht überleben würde. Es hatte sich im Mutterleib nicht richtig entwickelt und hatte von Anfang an keine Chance, jemals das Licht der Welt zu erblicken.

Dieses Drama hinterließ seine Spuren, von den Waldhofbauern hörte und sah man sehr lange niemanden mehr. Nicht einmal am Sonntag kamen die beiden in die Kirche. Sollte dieses Erlebnis ihr Gottvertrauen untergraben haben? Auch ich kannte die Antwort auf diese Frage nicht, aber ich wusste, dass die Totgeburt eines Kindes ein traumatisches Erlebnis ist, das die Welt einer jeden Mutter und eines jeden Vaters völlig verändert. Also hatte ich Verständnis für das Verhalten der beiden.

Nach Jahren wurde ich wieder auf den Hof gerufen, es hatte sich noch einmal Nachwuchs angesagt.

Diesmal war die Freude der Mutter verhalten. Nicht weil sie sich nicht auf das Kind freute, ganz im Gegenteil – aber sie wusste ja jetzt aus eigener leidvoller Erfahrung, was alles passieren konnte.

Es schien tatsächlich, als meinte es der Himmel nicht gut mit den Leuten vom Waldhof, denn auch diesmal konnte ich bei meiner Untersuchung keine gute Prognose für das ungeborene Kind geben. Das Leben, das da heranwuchs, war zum Scheitern verurteilt, es konnte sich im Mutterleib nicht versorgen und hatte somit keine Chance. Die physischen und psychischen Schmerzen, die die junge Bäuerin nach dieser niederschmetternden Diagnose erlitt, will ich hier nicht im Detail schildern. Jede Mutter weiß, was es bedeutet, ein Kind zu verlieren, egal ob das Kind geboren oder ungeboren ist.

Nach dieser zweiten familiären Tragödie zog sich die Bäuerin in ihrem Kummer und Schmerz fast ganz von der Welt zurück. Sooft es mir möglich war, besuchte ich sie – aber schließlich riss der Kontakt doch ab.

Es vergingen wieder einige Jahre, als plötzlich der Waldhofbauer vor meiner Tür stand. Sein Gesichtsausdruck ließ – leider – wieder einmal nichts Gutes erahnen.

»Schnell, Frau Linner, kommen S', d' Bäuerin liegt im Bett und hat solche Schmerzen. Ich weiß ja nix Gwiss', aber so dick is gwordn, d' Bäuerin, aber gsagt hat sie nix, aber i' mein', vielleicht, dass sie noch amal in andere Umständ' is. Schnell, kommen S', schauen S' mit mir nach'm Rechten …«

Ich konnte kaum glauben, was ich hörte. Aus

Angst vor einer erneuten Fehlgeburt hatte die Bäuerin ihre Schwangerschaft verschwiegen und wollte selbst über das Leben des Kindes entscheiden. Sie hatte Glück, dass der Bauer ein besonnener und vernünftiger Mann war, der noch rechtzeitig erkannte, was seine Frau vorhatte. Als ich auf dem Hof ankam, fand ich die Bäuerin schweißtriefend im Bett liegen. Die Situation war eindeutig: Die Wehen forderten ihren Tribut, und in einem großen runden Bauch wartete, so hoffte ich, ein gesundes Kind, das auf die Welt kommen wollte. Ich ersparte der Bäuerin die Vorwürfe, die ich ihr machen hätte müssen, weil sie mich nicht schon früher in ihr Geheimnis eingeweiht hatte; aber diese Frau hatte schon zu viel Schlimmes erlebt.

Die Geburt dauerte viele Stunden, doch die Bäuerin ertrug alles mit Geduld und befolgte stets, was ich ihr auftrug. Als schließlich ein lauter Kindsschrei durch die Stube hallte, konnte sie ihre Tränen nicht mehr zurückhalten. Sie schluchzte und lachte zugleich, sie konnte ihr Glück kaum fassen. Ein gesundes kleines Mädchen mit einem hellroten Flaum auf dem Kopf lag in ihrem Arm. Das Glück war endlich wieder auf den Waldhof zurückgekehrt!

Die kleine Marlies war der Sonnenschein der Eltern. Sie liebten ihr Kind über alles. Marlies wuchs wohlbehütet auf und wurde ein freundliches, lustiges, bescheidenes kleines Mädchen. Den einzigen Makel, den Marlies hatte – wenn man hier überhaupt von einem Makel sprechen kann –, war, dass sie ganz und gar nicht dem Schönheitsideal ihrer Umgebung entsprach. Als sie in die Schule kam, wurde aus dem aufgeschlossenen Mädchen ein ruhiges, zurückhaltendes Kind. Ich habe es ja schon eingangs erwähnt, welche Schwierigkeiten das rothaarige Mädchen mit seinen Altersgenossen hatte.

Die Mutter hoffte, dass sich ihr Mädchen mit den Jahren noch zum Besseren auswachsen könnte, zum einen, damit sie nicht mehr das Gespött der anderen Kinder ertragen müsste, und zum anderen, weil sie auch schon ein bisschen an die späteren Heiratschancen ihrer Tochter dachte. Doch Mutters Wunschgedanke erfüllte sich nicht. Marlies wurde mit den Jahren zwar größer, blieb aber pummelig, und mit ihrem watschelnden Gang und wohl auch mit ihrer damals etwas gehemmten Art tat sie sich bei den Burschen schwerer als die anderen Mädchen in der Umgebung.

»Die Marlies wird überständig«, meinten die Leute. »Schad um den schönen Hof, wenn keine Kinder kommen«, hieß es weiter. Und so verging die Zeit, ohne dass Marlies einen geeigneten Partner fand. Aber sie schien darunter nicht zu leiden, im Gegenteil, je älter sie wurde, umso mehr Selbstbewusstsein konnte ich an ihr feststellen. Hoch erhobenen Hauptes ging sie alleine durch ihr junges Leben.

Eines Nachts kam ein Anruf, bei dem ich zunächst glaubte, ich hätte nicht richtig verstanden. Ja, die Marlies, hieß es, und es sei eilig.

Stumm, hilflos, mit erstaunten Augen kniete sie vor ihrem Bett und wusste vermutlich nicht, wie ihr geschah. Auch die Bäuerin war, wie ich sehen konnte, höchst überrascht von dem Ereignis, das sie in

Kürze zur Großmutter machen würde. »Um aller Heiligen willen, von wem stammt denn des Kind?«, rief Marlies' Mutter verzweifelt aus.

Ein Mädchen wurde auf dem Waldhof geboren. Sein Gewicht lag unter den normalen Werten, den rötlichen Flaum auf dem kleinen Köpfchen hatte es als Erbanlage von seiner Mutter mitbekommen. Nun war es da, das kleine Wunder. Es war gesund, es lebte, und man musste sich mit der Tatsache abfinden, dass die so plötzlich aufgetauchte Mitbewohnerin hierher gehörte.

War die alte Waldhofbäuerin anfangs noch in heller Aufregung gewesen angesichts der Tatsache, dass am Hof ein lediges Kind das Licht der Welt erblickte, so verzieh sie alles, als ich ihr das kleine Geschöpf in die Arme legte. Wie zärtlich wurde ihr Blick und wie sanft streichelte sie über das Köpfchen des kleinen Mädchens! Sie wusste nur zu genau, was sie da in Händen hielt, war ein kostbarer Schatz, der nicht selbstverständlich ist.

Standesamtliche Meldung und Taufe standen an, wobei der Name des Kindsvaters – das leidige Thema in manchen Fällen – zur Sprache kommen musste. Wer war nun der Vater des Kindes, das wie ein verirrter Vogel ein gutes Nest gefunden hatte? Auf diese Frage gab die Marlies keine rechte Antwort, denn sie versicherte glaubhaft: »Und wenns d' mich tot schlagst, ich weiß des einfach net.« Eine längere Pause entstand, als sich die Waldhoferin meldete: »Du musst doch den Mann gekannt haben, wenn du von ihm ein Kind kriegst.« – »Naa, weil ich es halt net weiß, und jetzt lass mir mei'

Ruah«, gab Marlies verärgert zur Antwort, und dabei blieb es. Es gab keinen offiziellen Vater für das Kind der Marlies vom Waldhof, obwohl diese natürlich wusste, wer der Vater des Kindes war.

Trotz des niedrigen Geburtsgewichtes gedieh die kleine Beate und wuchs zu einem recht hübschen Mädchen heran, das unter dem besonderen Schutz des Waldhofervaters stand. »Der Herrgott macht's allerweil recht«, war sein Ausspruch, wenn von Beate die Rede war. »Er hat uns des Dirndl geschickt, damit der Hof net zu Grunde geht.«

Irgendwann aber begann Beate nach ihrem Vater zu fragen, nach ihren Wurzeln zu suchen, um zu erfahren, woher sie kommt. Ihrem Großvater missfielen diese Fragen, er zögerte mit der Antwort: »Lassen wir die alten Geschichten ruhen. Es ist besser, wir wissen es nicht.« Beate hatte, von den rotblonden Haaren abgesehen, keine Ähnlichkeit mit ihrer Mutter. Vermutlich trug sie also die Züge des Vaters. Aber wer war das? Einige Leute reimten sich das ihrige zusammen. Meine alte Bekannte, die Binder-Kathl mit ihrem gesunden Realismus, hatte sich dazu eine eindeutige Meinung gebildet: »Es is besser, des Dirndl weiß nix von ihrem Vater. Der Bazi, der lauft da umeinand und is gar net weit weg vom Waldhof. Aber der kriegt auch noch seine Straf.«

Marlies erzählte mir viele Jahre später, dass die Kathl mit ihrer Vermutung Recht gehabt hatte, den Vater des Kindes am Nachbarhof zu suchen. Der Fellbach-Hannes war der leibliche Vater von Beate. Mit ihm hatte Marlies eine heimliche Romanze gehabt, doch als sie schwanger wurde, wollte der Hannes keine Verantwortung übernehmen und beendete die Beziehung. In ihrem großen Kummer schwor sich Marlies damals, niemals wieder ein Wort mit dem Fellbacherbauern zu sprechen. Und all die Jahre hatte sie sich daran gehalten. Nun hatte die Marlies Glück, schließlich hatten ihre Eltern einen großen Hof und hatten ein gutes Auskommen. Doch soll an dieser Stelle auch an all die jungen Mädchen erinnert werden, denen es in der damaligen Zeit nicht so gut erging. Sie verliebten sich in einen jungen Bauern und erhofften sich eine gemeinsame Zukunft. Doch passierte es leider allzu oft, dass der Kindsvater plötzlich nichts mehr von seiner Flamme wissen wollte. Für solche Burschen war es ein Spiel mit dem Feuer, die Folgen würden sie nicht belasten. Schließlich hatte die Mutter das ledige Kind auszutragen. Und oft wagten die Mädchen in so einem Fall auch keine Vaterschaftsklage anzustrengen – sie liefen Gefahr, dass dann das ganze Dorf gegen sie war, und befürchteten, ein Richter würde einem angesehenen Bauernsohn mehr glauben als einer armen Dirn.

Die Zeit ging ins Land, und Beate machte ihrer Mutter und ihren Großeltern viel Freude. Als zuerst die Waldhofbäuerin starb und zwei Jahre später der alte Bauer, war sie ihrer Mutter Marlies eine große Stütze, denn diese trug schwer am Tod ihrer geliebten Eltern. Ihr vormals rotes Haar ist heute weiß geworden, ihr Körper müde. Als Alleinerbin für den ansehnlichen Besitz wurde ihre Tochter Beate eingesetzt, die bald einen geeigneten Bauern für den großen Hof fand, mit dem sie eine herzliche Liebe verbindet. Mit der Heirat kam auf den Waldhof neues Leben. Vier gesunde Kinder lassen hoffen, dass das stattliche Anwesen auch in der neuen Generation erhalten bleiben wird.

## *Der Fußballstar*

Vor lauter Engagement und Liebe zum Fußballsport war es Hans nicht möglich gewesen, bei der Geburt seines vierten Kindes dabei zu sein. Er war der Fußballtrainer des FC Dingharting und verstand sich am besten in seiner urbayerischen Sprache auszudrücken. Und er hatte auf diese Weise keinerlei Probleme, die Mannschaft in seinem Sinne zu prägen.

Sein größter Wunsch war es, den Verein aus der niedrigsten Liga in die nächsthöhere Klasse zu führen. Auf dieses Ziel arbeitete er Tag und Nacht hin und opferte dafür seine komplette Freizeit. Fußball war sein Leben.

Eigentlich hatte er immer davon geträumt, mit seiner Frau viele Buben auf die Welt zu bringen, doch bis jetzt waren es »nur« drei Mädchen. Vielleicht war dies der Grund, warum er sich nicht so recht für die Geburt des vierten Kindes interessierte. »Wird's eh bloß wieder a Madl werden«, hatte er bei meinem letzten Besuch unwillig vor sich hingebrummelt.

So war es also auch nicht verwunderlich, dass seine Frau Agnes alleine in ihrem Zimmer lag, als sich die Geburt des Kindes anmeldete. Sie hatte ihre älteste Tochter, das siebenjährige Hannerl, nach mir geschickt. Da lag sie nun, die werdende Mutter, umgeben von ihren entzückenden, aber nicht Fußball spielenden Mädchen, und wartete darauf, dass das neue Familienmitglied das Licht der Welt erblickte. Es war ein Sonntagmittag gegen 12 Uhr, als das Köpfchen zu sehen war, und nur kurze Zeit später war das Kind da. Freudestrahlend nahm Agnes das gesunde Baby in den Arm. Da ich das Kind nach der Erstversorgung in eine Decke gehüllt hatte, konnte sie nicht wissen, welches Geschlecht es hatte, doch das schien sie auch gar nicht zu interessieren. Voller Inbrunst liebkoste sie den Säugling und freute sich mit den Mädchen über den neuen Familienzuwachs. Erst als die kleinste Tochter, die dreijährige Lissi, fragte, ob es denn wieder ein Schwesterlein sei oder diesmal vielleicht doch ein Brüderlein, schaute Agnes erstaunt auf.

»Ach, stimmt, Frau Linner«, sagte sie zu mir, »des hab ich ganz vergessen, dass ich des frag. Dass' gsund is, des haben S' mir ja gsagt, aber was hab i' denn, wieder a Madl oder an Buam?«

Verschmitzt lachte ich sie an und sagte: »Der Herrgott hat's gut mit deinem Mann gmeint, einen Buben hast 'kriegt, endlich kann der Hans mit einem von der Familie Fußball spielen.«

Agnes lachte. Es war ein Lachen des Glücks, aber auch der Erleichterung, denn natürlich hatte sie gewusst, wie viel dem Hans ein Junge bedeutete.

Nun war die Frage, wie konnte man den Hans informieren. Es war Sonntag, und der frisch gebackene Vater hatte ein Auswärtsspiel mit seiner Fußballmannschaft. Diesmal fand das Spiel in Kustingen statt, einer Nachbargemeinde, die ohne Auto kaum zu erreichen war. Die Busverbindung war insbesondere an Sonntagen schlecht, also einigte sich die Familie darauf, die Nachricht noch für sich zu behalten und Hans erst bei seiner Rückkehr mit der Neuigkeit zu überraschen.

Es war gegen 18 Uhr, als der kleine Mannschaftsbus am Sportplatz ankam und die Truppe ausstieg. Hannerl und ihre jüngere Schwester Resi hatten dort auf ihren Vater gewartet. Sie rannten auf ihn zu und riefen: »Papa, Papa, komm schnell heim, 's Kind is komma.«

Nun war die Aufregung auch beim Hans zu spüren, er packte seine Tasche, rief ein kurzes »Servus, bis morgen« in die Runde und rannte zusammen mit den Kindern nach Hause.

Als er angekommen war, schliefen sowohl Agnes als auch das Kind, das sie neben sich auf das Bett gelegt hatte. Ein glückliches Lächeln ging über Hans' Gesicht. Ich war mir sicher, dass es ihm in diesem Augenblick egal war, ob Bub oder Mädchen, zu schön war dieser Anblick. Wahrscheinlich dachte Hans, dass er ein viertes Mädchen bekommen hatte, denn aus Ermangelung an Bubenkleidung hatten wir dem Neugeborenen den hellroten Strampelanzug angezogen, den schon die Schwestern getragen hatten.

Nach einigen Minuten öffnete Agnes die Augen und sah ihren Hans an. Er beugte sich zu ihr herunter, gab ihr einen Kuss und sagte: »Ach, Agnes, Hauptsach, des Kind is gsund, dann ham wir halt noch a Madl mehr, des is scho' in Ordnung …«

Agnes zog ihn zu sich heran und flüsterte ihm

leise etwas ins Ohr. Ein lauter Juchzer hallte durch das Haus, und ein Freudentanz folgte. Hans war außer sich vor Glück, als er nach den drei Dirndln seinen Stammhalter und – das setzte er selbstverständlich voraus – künftigen Fußballer in den Arm nahm, der alle seine Wünsche erfüllte.

Die Geburt seines Sohnes, den er, wie er sagte, zu einem Fußballstar heranbilden wollte, war für ihn wahrscheinlich der wichtigste Tag in seinem Leben. »Da werdets schauen, was aus dem Buam werden wird«, prophezeite er großspurig. – »Treib's doch net gar so narrisch mit dem Buben«, meinte Agnes. »Wir haben doch auch noch drei Dirndl. Hast du die denn ganz vergessen?« – Nein, das habe er nicht, meinte der Hans. Aber mit dem Buben sei ein ganz besonders großer Wunsch für ihn in Erfüllung gegangen. Um seinen Dank und seiner Freude Ausdruck zu geben, schenkte er im Beisein der Fußballmannschaft Dingharting seiner Agnes drei rote Rosen. – »Ist dir der Bub so viel wert?«, meinte seine Ehefrau ironisch. »Bist jetzt ganz narrisch geworden!«, setzte sie hinzu. Und zu mir meinte sie: »Ich weiß net, wann ich von ihm das letzte Mal Blumen 'kriegt hab – und Rosen schon gar net!« Ihr Gesicht strahlte, als sie diese Kostbarkeit in Empfang nahm.

»Wie heißt er denn, der Bub?«, fragte die Huber-Gusti, die Frau eines der Spieler vom FC Dingharting, zwischen Tür und Angel. – »Da tät ich noch fragen«, meinte der Hans. »A so halt wie ich, des is doch klar!« So war der Name des Kindes festgelegt, und niemand hatte Einwände.

Dann kam der Tag der Taufe, den sich der Hans in seiner überschwänglichen Freude einiges kosten ließ. Zwar gab es eine kleine Meinungsverschiedenheit mit seiner Agnes – der Kindsvater hatte nämlich einen Aufmarsch seiner ganzen Mannschaft in der Kirche vorgesehen –, aber er gab diese Idee schnell auf, als sie meinte: »Die Fußballer, die ghören net zur Taufe von unserm Kind in de Kircha!«

So wurde der angehende Fußballstar im würdigen Rahmen durch den Herrn Pfarrer von Dingharting auf den Namen Johannes Baptist getauft. Die weltliche Feier, die in den geschmückten Räumen des Sportvereins stattfand, wurde zum Spektakel, insbesondere, was die Rede des Kindsvaters anging. Dieser hatte sich schon mehrere Tage und Nächte abgeplagt, eine in Schriftdeutsch verfasste Rede auswendig zu lernen. Ich war geladener Gast, konnte allerdings aus Zeitgründen an dem Rummel nicht die ganze Zeit teilnehmen. Immerhin hörte ich doch diese außergewöhnliche Rede, die dem Hans etliche Schweißtropfen gekostet hatte, an.

»Meine lieben Sportfreunde und Gäste«, begann er. Es folgten nun auswendig gelernte Sätze von der Freude über dieses Kind und welchen Wert seine Geburt für den FC Dingharting bedeute. Denn er als Vater wisse mit Sicherheit, dass der Bub einmal als Fußballstar weltweit bekannt und berühmt würde. Doch weiter kam er nicht, der Hans. Denn sein Schriftdeutsch, das er sich mühsam abgerungen hatte, machte ihm plötzlich Schwierigkeiten. Um aber seine Rede zu Ende zu bringen, verließ er sich lieber auf seine urbayerische Sprache und ihren

Wortschatz. Da und dort gelang es ihm aber auch, noch den einen oder anderen Halbsatz in Schriftdeutsch einzuflechten. Bald war nicht mehr der Täufling der Mittelpunkt seiner Ansprache, vielmehr der FC Dingharting und seine Elf, die er in seinem Schlusswort in besonderer Weise ins Gebet nahm. Um seinen Worten besonderen Nachdruck zu verleihen, beendete er seine Rede mit dem Satz, den nur urwüchsige Bayern verstehen können: »Dersell, der wo mir net zum Training kommt, ist fei' kein Sportskamerad niemals nicht.« Eine sprachliche Mischung ganz besonderer Art!

Über die Taufe ist noch viel geredet worden im Dorf, doch im Laufe der Jahre ist auch dieses Spektakel in Vergessenheit geraten. Der kleine Hans entwickelte sich prächtig, zumindest was seinen Körper und Verstand anbelangte. Was seine fußballerischen Fähigkeiten anging, wage ich kein Urteil zu fällen, aber es schien mir so, als entsprächen diese nicht den Erwartungen des Vaters. Fast jedes Mal, wenn mich mein Weg am Sportplatz vorbeiführte, sah ich den großen Hans beim Training und den kleinen Hans etwas gelangweilt am Rand stehen. Immer wieder und wieder versuchte der Vater seinen Sohn zu motivieren und ihm das Fußballspiel schmackhaft zu machen. Doch Hänschen hatte nicht nur keine Freude am Spiel, er hatte schlichtweg kein Talent. Wenn er auf dem Feld stand, rannten ihn die anderen Spieler fast um, so langsam war er im Erfassen des Spielgeschehens. Stand er im Tor, freute sich die gegnerische Mannschaft, denn in diesem Fall war ihr der Sieg sicher.

So ging der dringende Wunsch von Hans dem Fußballtrainer, sehr zu seinem Leidwesen, nicht in Erfüllung. Es war sehr schmerzlich für ihn, aber er musste schließlich akzeptieren, dass sein Sohn mit Fußball nichts im Sinn hatte. »Er ist ein Sportmuffel«, meinte der Vater ein wenig traurig. Als Ausgleich aber waren die geistigen Fähigkeiten von Hans junior sehr gut entwickelt, sodass er eine höhere Schule besuchen konnte. »I' wart auf meine Enkelbuben. Vielleicht ist da einer dabei, der a echter Fußballer wird. Was weiß ma'? Aber hoffen kann ma' ja!«

Diese Hoffnung sollte sich tatsächlich erfüllen, wenn auch Jahre später.

Der kleine Hans schloss die Schule mit Bravour ab, und dass dieser Bub in eine große Stadt ziehen würde, um zu studieren, erstaunte in der Gemeinde niemanden. Als der Vater mit seiner Fußballmannschaft den Aufstieg in die Regionalliga schaffte, hatte sein Sohn die Abschlussprüfungen der Universität in der Tasche. Als fertiger Lehrer in den Fächern Physik und Mathematik kehrte Hans in sein Heimatdorf zurück. Am nahe gelegenen Gymnasium bekam er eine Stelle. Mit seinem Vater verband den Hans ein enges Verhältnis. Sooft er konnte, begleitete er seinen Vater zu den Fußballspielen und feuerte die Mannschaften an. Auch an seiner Schule engagierte er sich sehr für den Sport, auch wenn er selbst zeit seines Lebens ein Sportmuffel blieb.

Hans lernte an der Schule bald eine Kollegin kennen, in die er sich verliebte und heiratete. Ich selbst machte die Bekanntschaft von Gerda während ihrer ersten Schwangerschaft, zu der ich hinzugezogen wurde. Eine patente junge Frau erwartete mich, die das Herz auf dem rechten Fleck hatte. Sie war genau die Richtige für den Hans, der mit seinen geistigen Fähigkeiten gerne in anderen Sphären schwebte.

Gerda war im vierten Monat schwanger und wunderte sich darüber, dass sie im Gegensatz zu allen anderen Frauen bereits einen sehr dicken Bauch hatte. Bei meiner Untersuchung wurde mir schnell klar, warum. Gerda würde Zwillinge bekommen. Die Vorfreude war von da an noch größer, und gespannt wartete die ganze Familie auf den doppelten Nachwuchs. An einem warmen Sommertag war es dann endlich so weit, ohne größere Komplikationen brachte Gerda die gesunden und strammen Zwillingsbrüder Holger und Hannes zur Welt. Was war das für eine Freude bei den Eltern und natürlich auch Großeltern! Opa Hans, wie er ab jetzt genannt wurde, strahlte über das ganze Gesicht; es war klar, warum. Er hatte eine neue Chance auf familiären Fußballernachwuchs bekommen.

Um die Geschichte zu Ende zu bringen, sei noch erzählt, dass sich diesmal die Hoffnungen von Opa Hans erfüllten. Sowohl Hannes als auch Holger haben das sportliche Talent des Großvaters geerbt. Als Teenager verbringen sie jede freie Minute auf dem Fußballplatz, und alle, die etwas davon verstehen, sind sicher, dass sie einmal die großen Stützen des FC Dingharting werden.

## *Der sündhafte Schuh*

Als der Mayerhofer-Alfred und die Zinser-Emma heirateten, war es die ganz große Liebe. Alfred hatte Emma beim Maitanz im Dorf aufgefordert, mit ihr den ganzen Abend getanzt und schon am nächsten Tag um ihre Hand angehalten. Emma konnte ihr Glück kaum fassen: Der gut aussehende Alfred mit dem großen Hof hatte sie gebeten, seine Frau zu werden!

Emma war ein hübsches, bescheidenes Mädchen aus einfachen Verhältnissen, der Zinserhof war klein und überschaubar. Bekannt waren die Herzlichkeit der Zinserfamilie und die Gastfreundschaft Fremden gegenüber. Egal zu welcher Tages- oder Nachtzeit man dort vorbeikam, ein gutes Wort war immer zu hören, und eine Brotzeit gab es selbstverständlich auch für jedermann.

Nun hatte das so liebevoll erzogene Mädchen Emma den stattlichen Alfred zum Mann genommen. Für mich, die ich schon Emma auf die Welt geholfen hatte, war es eine Freude, mit anzusehen, wie sie ihren Mann bewunderte und anhimmelte. Dem Alfred gefiel dies gut. Schließlich war er es gewöhnt, im Mittelpunkt zu stehen, er war ja der Alleinerbe des Hofes. Doch auch Alfred liebte seine Emma sehr, auf dem Hof bezogen die beiden die schönste Kammer, Emma durfte die Stube neu herrichten und sorgte für einen frischen, liebevollen Wind im Hause Mayerhofer.

Nur eine war nicht zufrieden und haderte mit sich und ihrem Schicksal: die alte Mayerhofbäuerin. Natürlich sah sie, wie lieb Emma war, wie hilfsbereit, fröhlich und gut gelaunt sie durchs Leben ging, aber genau das war es, was sie nicht sehen wollte und was sie so wütend und eifersüchtig machte. Bei einem meiner vielen Besuche auf dem Mayerhof klagte die Altbäuerin darüber, wie schnell es Emma gelungen sei, den Alfred auf ihre Seite zu ziehen, und dass er nur noch Augen für das junge Ding habe. »Solang ich noch net unter der Erdn bin, hat niemand das Recht, dass er auf meinem Hof das Kommando übernimmt«, sagte sie mir ein anderes Mal zum Abschied, als ich sie besuchte.

Danach verging eine lange Zeit, in der ich sie nicht mehr sah. Doch eines Tages kam mir zu Ohren, was im Dorf über die Zustände auf dem Mayerhof erzählt wurde. Aus dem vorher so glücklichen und verliebten Ehepaar Alfred und Emma waren zwei Gegenspieler geworden. Grund waren allem Anschein nach die Intrigen der Altbäuerin. Sie hatte Emma nach wie vor nicht akzeptiert und wollte sie auch nicht akzeptieren. Sie stachelte Alfred immer wieder gegen die junge Bäuerin auf, mäkelte vor den Augen und Ohren aller an ihr herum und ließ kein gutes Haar an ihr.

Die alte Frau sah ihre Schwiegertochter als ihre Rivalin an, die ihre Machtstellung bedrohte und der man immer wieder zeigen musste, dass das Wort der Älteren Gültigkeit habe.

Emma war in keiner beneidenswerten Lage – als Bäuerin musste sie sich schinden, und im familiären Bereich regierte die Schwiegermutter. Alfred, der Bauer und Ehemann, hörte nach wie vor sehr auf seine Mutter, die stark und dominierend die Fäden fest in ihren Händen hielt. In einem Gespräch gab mir diese machtbesessene Frau zu verstehen, welche Rangordnung die junge Bäuerin in diesem Haus zu respektieren habe. »In der Kuchl hat die nix zum Sagn und auch nix zum Suchen. Des hab ich ihr schon bei'bracht. Sie soll schauen, dass sie im Stall und draußen mit ihrer Arbeit fertig wird.«

Alfred hielt am Anfang noch zu seiner Frau, doch stellte er sich immer mehr auf die Seite der Mutter. Einen Vorwurf konnte ich dem jungen Bauern nicht machen, er stand von frühester Jugend an unter dem Einfluss dieser herrschsüchtigen Alten. Sicherlich, es hatte auch schon bessere Zeiten auf dem Mayerhof gegeben, damals, als der alte Bauer noch lebte. Doch ein tragisches Unglück riss die Familie schon früh auseinander. Der alte Mayerhofbauer, den alle Mayerhof-Hansi nannten, war beim Almabtrieb so schwer gestürzt, dass er sich nie mehr richtig erholte. Als der kleine Alfred sechs Jahre alt war, musste er mit ansehen, wie der Vater zu Grabe getragen wurde. Seitdem kämpfte die Mayerhofbäuerin alleine um den Erhalt des Hofes und wurde dabei immer härter und verbitterter. Ihr Sohn Alfred war ihr Ein und Alles, sie wollte ihn niemals mit einer anderen teilen. Tja, und dann trat Emma in das Leben des jungen Bauern, und somit sind wir wieder bei unserer Geschichte.

Genau drei Jahren waren jetzt vergangen seit dem Tag der Hochzeit, und meine Besuche auf dem Mayerhof waren selten geworden. Scheinbar wollte es auch mit dem Nachwuchs nicht so recht klappen, sonst hätte mich die Bäuerin schon längst auf den Hof gerufen.

Eines Abends klopfte es an meiner Tür. Der Alfred stand davor. »Wennst heut noch Zeit hast, dann schau doch amal nach der Emma. Der geht's net gut. D' Mutter is zwar bei ihr, aber ich muss zum Stammtisch, und kann mich net kümmern … Pfüati.« Sprach es aus, drehte sich um und ging schnurstracks zum Wirtshaus.

Mir schwante Schlimmes. Die Emma, offensichtlich schwanger, war mit der Mayerhofbäuerin alleine. Das konnte nicht gut gehen! Schnell nahm ich meine Hebammentasche, die immer fertig gepackt in einer Ecke bereitstand. Obwohl ich den Weg zum Hof schon so lange nicht mehr gegangen war, fand ich ihn sofort.

Recht düster stand das Gebäude da, nur in zwei Zimmern brannte Licht, ich erkannte die Küche und das Zimmer der Emma. Als ich klopfte, öffnete mir niemand, also ging ich direkt ins Haus. Meine Augen gewöhnten sich schnell an das Halbdunkel, und ich wusste, dass das Zimmer der Emma ganz hinten im Eck neben der guten Stube war.

Müde und abgerackert lag Emma in den Kissen und mühte sich ab, ihr erstes Kind zur Welt zu bringen. Ihr junges Gesicht und ihre Hände waren von schwerer Arbeit gezeichnet, und ihr trauriger Blick verriet mir, dass sie Kummer plagte. Meine Frage, wann denn der Alfred vom Stammtisch zurückkommen wolle, beantwortete Emma mit einem Achselzucken. Auch sonst blieb sie einsilbig, nicht mitteilungsbereit, so ganz anders, als ich sie in Erinnerung hatte.

Die Geburtsschmerzen plagten sie sehr, doch sie war in den Wehen gottergeben, so, wie sie es von ihrer Mutter gelernt hatte.

Von der Altbäuerin hatte ich keine Hilfe bei der Geburt dieses Kindes zu erwarten. Sie begrüßte mich mit dem Satz: »Jetzt muss ich schon fragen, Frau Hebamm: Is des jetzt Mode, dass man sich schon stundenlang, bevor es so weit ist, ins Bett hineinlegt? Ich hab gearbeitet bis aufs Letzte, so wie es Brauch war. Des könnten S' ihr aber scho' klar machen, dass des nix is, was die macht.«

Ein wenig verärgert über diese alte Redewendung antwortete ich: »Da waren Sie dumm genug, wenn Sie bis zur letzten Wehe Ihrer Arbeit nachgegangen sind – denn gedankt hat es Ihnen mit Sicherheit niemand. Von mir kriegen S' keine Unterstützung für solche Ansichten.«

Beleidigt, weil Widerreden ihr unbekannt war, drehte sie sich schweigend um und werkelte in der Küche laut und vernehmlich. Türen knallten ins Schloss, Geschirr fiel zu Boden. Die Mayerhoferin musste ihrem Ärger Luft machen, das war weithin zu hören.

Viele Stunden vergingen, die junge Bäuerin mühte sich redlich. Doch als ob das Kinderl die schlechte Stimmung spürte, wollte und wollte es nicht kommen.

Es war bereits weit nach Mitternacht, als es an der Eingangstür laut wurde und polterte. Es war nicht zu überhören, dass der Alfred nach Hause kam, und das mit allen Zeichen übermäßigen Biergenusses. Schließlich schaffte er doch noch den Weg an das Kreißbett seiner Frau.

»Is' noch net vorbei?«, war seine erste Frage oder vielmehr Feststellung. – »Wo warst denn du so lang?«, war die Gegenfrage seiner Frau. – »Beim Wirt halt. Auf a paar Halbe. Oder passt dir des vielleicht net?«

Emma schwieg.

»Kann ich was helfen?«, wandte sich jetzt der Ehemann an mich. Meine Antwort war aber nicht das, was er erwartet hatte. »Nein, dazu sind Sie gar nicht in der Lage. Gehen Sie, und schlafen Sie Ihren Rausch aus. Wir brauchen Sie nicht.« Gekränkt wandte er sich zur Tür, unter der plötzlich seine Mutter stand. Wie ein Racheengel stand sie da und hielt ein Paar neuer, modischer Schuhe in der Hand. Diese hob sie demonstrativ hoch, trat an das Bett der werdenden Mutter und keifte in einem Ton, der einen schaudern ließ: »Die hast du 'kauft, ohne dass du gfragt hast. Schuh' mit hohe Stöckel! Die werden sofort zurück'bracht, verstanden? Die Schuh' san ja direkt sündhaft«, monierte sie im Weggehen. Der junge Bauer pflichtete wie immer seiner Mutter bei, dass diese Schuhe zurückgebracht werden müssten – weil sie Anstoß erregend wären.

Emma wurde ganz blass und begann zu weinen. All die Last und der Kummer, den sie die letzten Jahre hatte ertragen müssen, schienen nun aus ihr herauszukommen. Die Tränen kullerten ihr über die Wangen, sie konnte gar nicht mehr aufhören zu weinen. Zu all dem Kummer kamen noch die Schmerzen der Geburt, die nach wie vor andauerte; der Nachwuchs ließ immer noch auf sich warten.

Es war ruhig geworden im Haus, der Kindsvater schlief seinen Rausch aus, und auch die alte Bäuerin hatte sich zur Ruhe gelegt. Inzwischen waren die Tränen der jungen Bäuerin versiegt, und sie schaute mich an: »Wissen S', Frau Hebamm, ich wollt doch nur einmal was für mich kaufen, und die Schuh', die ham mir halt so gut gfallen. Ich arbeit den ganzen Tag und krieg nix als wie Beschimpfungen und Ablehnung. Mich mag keiner auf dem Hof, sogar der Alfred geht mir inzwischen aus dem Weg …«

Sie erzählte mir, wie sehr sie seit einiger Zeit litt und wie oft sie sich schon überlegt hatte, den Hof zu verlassen. Doch als sie schwanger geworden war, sah sie keine Möglichkeit mehr, davonzulaufen. Also hatte sie sich in ihr Schicksal ergeben und war geblieben, auf dem Hof, beim Alfred und bei der bösen Schwiegermutter.

Und während sie sich den Kummer von der Seele redete, schien es, als bräche auch der Widerstand des Kindes, auf die Welt zu kommen.

In den frühen Morgenstunden hallte ein lauter Babyschrei durch den Mayerhof. Gesund und kräftig war der Bub, mit einem rosigen Gesicht, so wie man es bei einem zukünftigen Mayerhofer voraussetzte. Die junge Mutter strahlte bei seinem Anblick. Es gab nun jemanden, der ganz zu ihr gehörte in diesem lieblosen Haus.

»Is er gsund, der Bub?«, hörte ich plötzlich eine sanfte Stimme hinter mir. – »Jetzt sind S' Großmutter, Mayerhoferin!«, antwortete ich. »Eine schöne Aufgabe. Denn eine Großmutter ist ein wichtiger Mensch im Leben eines Kindes.«

Ich nahm das schlafende Kind aus der Wiege und legte es der so sonst zänkischen Altbäuerin in den Arm, deren Züge bei dem Anblick ihres Enkelkindes plötzlich weich wurden. »Mei, so viel Glück is mit dem Buben auf den Hof 'kommen.« Und nach einer kleinen Pause kamen versöhnende Worte. »Geht's dir gut, Emma?« Das war mehr, als ich erhofft hatte. Von den »sündhaften« Schuhen war nicht mehr die Rede. Sie blieben in Emmas Eigentum.

In den zehn Wochenbetttagen hat sich im menschlichen Bereich auf dem Mayerhof einiges geändert. Die keifende, machtbesessene Schwiegermutter wurde zur verträglichen Altbäuerin und zur liebevollen Großmutter. Dass ein Kind einen dauernden Frieden in die Familie bringen kann – das musste ich auf dem Mayerhof erstaunt feststellen.

Auch als ich nach vielen Jahren wieder auf den Mayerhof kam, war der Frieden ungebrochen. Der kleine Hans, wie ihn Emma im Andenken an den alten Mayerhof-Bauern genannt hatte, war inzwischen schon ein Schulkind, ein hübscher Kerl, mit den weichen Gesichtszügen seiner Mutter und der großen, stattlichen Figur seines Vaters. Und ich sah, dass er ein glücklicher kleiner Bub war. Er erzählte mit voller Stolz, wie sehr er seine Mutter und seinen Vater liebte und dass er jeden Abend im Arm seiner Großmutter einschlafen durfte.

## *Der Einödbauer*

Die Einöde Hinterdobl, zwischen Wald und einem immer rauschenden Wildbach, wohin sich selten ein Fremder verirrt, ist der Mittelpunkt dieser Geschichte. Hier lebten die Menschen ihr eigenes Leben, ohne rechte Verbindung zur Außenwelt; denn Telefon gab es damals noch nicht. An einem Tag um die Mittagsstunde kam ich von der Wochenpflege bei der Wildmooserin, die ihren dritten Buben bekam, in die Nähe der besagten Einöde. Da ich wusste, dass die Hinterdoblerin in allernächster Zeit auf ihr fünftes Kind wartete, besuchte ich sie, um nach ihr zu sehen. Hinterdobl lag in der Helle der Mittagssonne idyllisch schön vor mir, und nichts störte den Frieden in dieser Abgeschiedenheit. Der Hof war groß und stattlich, mit Kühen, Ziegen, Schafen und Hühnern. Die Felder und den Hof bewirtschafteten die Bäuerin und der Bauer allein, was in der damaligen Zeit eine unglaubliche Arbeitsleistung war. Die Hinterdoblers hatten natürlich immer wieder Knechte und Mägde gehabt, doch kaum einer wollte es längere Zeit in der Abgeschiedenheit ausgehalten, sodass die Bäuerin und der Bauer doch zumeist alleine waren. So schufteten sie tage-, ja wochenlang, um ihre Felder zu mähen und das Futter zu sammeln – eine Arbeit, die den Körper müde werden lässt.

Vier Kindern hatte ich bereits auf dem Hinterdoblerhof auf die Welt geholfen, zwei Jungen und zwei Mädchen. Alle vier waren wohl geraten und, soweit ich es beurteilen konnte, recht intelligent. Sogar die kleine Anni ging schon zur Schule, sodass das fünfte Kind, das auf dem Hof erwartet wurde, fast schon ein Nachzügler war.

Als ich an dem Hof ankam, um kurz nach der Bäuerin zu sehen, wurde durch das Motorgeräusch meines Autos eine Schar Hühner aufgeschreckt, die laut schreiend davonliefen. Beim Öffnen der Haustür glaubte ich nicht richtig zu hören: Ich vernahm das Schreien eines neugeborenen Kindes! Niemand kam mir, wie es eigentlich üblich war, entgegen. Abgesehen von den Lauten des Neugeborenen war es beängstigend still im Haus. Ich fand die Mutter mit dem Kind in der Schlafkammer, völlig verzweifelt, weil sie in einer so kritischen Lage alleine im Haus das Kleine zur Welt bringen musste. Die Frage, wie es dazu gekommen war, war zunächst unwichtig. Als Erstes trennte ich das Kind von der Mutter und sah dabei den beachtlichen Blutverlust, der zur Sorge Anlass geben konnte. Es schien, als habe Monika nur noch darauf gewartet, Hilfe zu bekommen. Denn nachdem sie mir die Hände entgegengestreckt hatte, fiel sie in sich zusammen. Sie war vollkommen erschöpft von der Geburt, ich konnte erahnen, was für Stunden hinter ihr lagen. Da das kleine Mädchen wohlauf und gesund war, packte ich es in Decken ein und legte es in eines der Betten seiner Geschwister, die zu diesem Zeitpunkt in der Schule waren. Jetzt kümmerte ich mich um

Monika. Ich nahm einen Waschlappen und tupfte ihren Körper mit kühlem Wasser immer wieder und wieder ab, so lange, bis ich merkte, dass ihre Lebenskräfte zurückkehrten. Die Kühle des Wassers hatte ihr gut getan, zumindest die Augen konnte sie wieder öffnen, und mit ängstlicher Stimme hörte ich sie fragen: »Ist mein Mann, der Girgl, net mit Ihnen zurück'kommen?« Als ich ihr erklärte, dass ich ganz zufällig nach ihr sehen hatte wollen und dass der Girgl sich bei mir nicht gemeldet habe, sagte sie voller Überzeugung: »Dann hat Sie ein Schutzengel zu mir hergführt, daran glaub i' jetzt ganz fest.« Weiter erzählte sie, dass sie ihren Mann heute früh schon auf den Weg zu mir geschickt habe, um mich zu holen. »Ist der wieder beim Unterbräu hängen'blieben und hat beim Saufen sein' Auftrag vergessen! Naa, was i' mit dem Mann mitmachen muss! Des is ja kaum zum Glauben, wenn das zutreffen sollt.«

Dann überlegte ich: Er wollte doch bestimmt seine Frau bei beginnender Geburt nicht stundenlang alleine lassen, sie der Gefahr aussetzen! War der Zwang zu Bier und Alkohol stärker als Gesundheit und Leben seiner Frau? War hier der letzte Funke Zuneigung erloschen? Es war eine bittere Erfahrung, die ich in dieser Familie machen musste.

Mutter und Kind waren bald versorgt, jetzt wollte ich noch die Stube aufräumen, bevor die anderen vier Kinder aus der Schule heimkamen. Es sah auch wirklich wüst aus, die Reste des Frühstücks einer sechsköpfigen Familie standen noch auf dem Tisch, Kinderkleidung war verstreut, und die Bettlaken von Monika samt Nachthemd waren so mit Blut verschmiert, dass es dringend notwendig war, sie zu wechseln.

Als die Kinder aus der Schule nach Hause kamen, war die Stube wieder sauber, und ein fertiges Mittagessen stand auf dem Tisch. Ich konnte spüren, wie dankbar mir Monika war; denn wäre ich nicht da gewesen, wäre der Tag für sie nicht zu schaffen gewesen. Die vier großen Kinder sahen mit kindlicher Neugier und Freude, was denn der Klapperstorch da gebrachte hatte, und streichelten ganz sachte über die Wange ihrer kleinen Schwester. Eigentlich hätte die Familie nun glücklich und zufrieden sein können, doch das Glück wurde durch die Tatsache getrübt, dass Vater Girgl immer noch nicht da war und keiner wusste, was mit ihm passiert war.

Mit dem Rest seines Pausenbrotes wurde Peppi, der ältere der Buben, auf die Suche nach dem Vater geschickt. Ich sah ihm nach, wie er querfeldein mit seinen flinken Beinen über Gräben und Wurzeln lief, um seinen Auftrag möglichst rasch auszuführen. Das Kind hatte sehr wohl die Situation erfasst. Auch das Verhalten seines Vaters, der die Mutter ausgerechnet in einer so schwierigen Lage allein gelassen hatte, konnte er sehr wohl richtig beurteilen. Drei verschreckte Kinder waren in der Herrgottsecke der Stube zurückgeblieben, sie saßen eng aneinander gedrückt da, still und ängstlich. Sie fühlten das Außergewöhnliche der Situation, und Peppi, der sonst alles im Griff hatte, war nicht bei ihnen, weil er den Vater suchte, irgendwo! Ich sah die Verlassenheit, in der sich die drei befanden. Ich fühlte mich, wie immer in solchen Fällen, verpflichtet, den Kindern beizustehen, weil ich die Not, die in ihren Augen stand, nachempfinden konnte. Eine Stunde des Wartens war längst vorüber, aber weder Peppi noch der Vater kamen.

Nach einer weiteren halben Stunde sah ich die beiden den Fußweg entlang auf das Haus zukommen. Peppi hielt den Vater fest und stützte ihn, um dessen torkelnden Gang auszugleichen, ihn eventuell im Fallen aufzufangen, wenn er stürzen sollte – keine leichte Aufgabe für den Zehnjährigen. Das Verhalten dieses Vaters war alles andere als vorbildlich! Peppi würde es in Erinnerung behalten und hoffentlich daraus lernen.

Torkelnd betrat Girgl als Erster die Stube und bemühte sich, eine Entschuldigung vorzubringen. Es gelang kläglich. »Wo warst du so lange?«, hörte ich Mutter Monika leise und bescheiden fragen. Ich erwartete eigentlich eine Zurechtweisung, wie sie angesichts seines Verhaltens berechtigt gewesen wäre. Doch nichts Dergleichen geschah, die Bäuerin war es gewohnt, bei allen Verfehlungen ihres Mannes zu schweigen. Die drei Kinder saßen immer noch verschüchtert im Herrgottswinkel, sie kannten wohl den Zustand ihres Vaters von früher und wussten, dass man ihn in diesem Zustand besser nicht ansprach. Monikas Mitteilung: »A Dirndl is', Vater«, veranlasste den Girgl nur zu einer abfälligen Handbewegung. Immerhin, er wurde nicht ausfällig, vielleicht hinderte ihn aber auch nur meine Gegenwart daran.

Die Wochenpflege ergab nichts Auffälliges, nur der Girgl ging mir so weit wie möglich aus dem Weg. Mein tägliches Kommen schätzte er gar nicht. Erst der zehnte Tag meiner Wochenbesuche brachte eine Aussprache mit den Leuten vom Hinterdoblhof. Zur Mutter meinte ich: »Ihr Mann hat Sie in den schweren Stunden deines Lebens im Stich gelassen. Sie könnten nun tot sein! Und das nehmen Sie schweigend hin? Ich verstehe das nicht. Ihnen ist nicht zu helfen, wenn Sie sich nicht wehren.« Auch der Girgl wollte nicht hören, was ich ihm zu sagen hatte: »Sie haben Glück gehabt, Hinterdobler. Ihre Frau lebt! Sie könnte ebenso gut tot sein – wegen Ihres Verhaltens. Wie möchten Sie das Ihren Kinder erklären, wenn sie nach der Mutter fragen? Es fällt mir schwer, vor Ihnen Respekt zu haben.«

Allmählich hatten sich die Gemüter um diesen Vorfall beruhigt, nicht aber die Seele der Unterbräuwirtin. Wochen später erinnerte sie sich: »Hat mir der Peppi erbarmt, wie er seinen Vater heimholen wollt! Immer wieder hat er ihn 'packt und gebeutelt, aber nix hat es gholfen. Ich hab ja auch nicht gleich gewusst, um was es geht, bis der Bub das Weinen angefangen hat und laut geschrien hat: ›Komm endlich heim, wir haben ein Kind 'kriegt!‹ Da war plötzlich in der Stubn alles mäuserlstill. Es war, als hätten die Leut einen Schock 'kriegt, und da erst hab ich reagiert.« Mit dem Taschentuch wischte sich die Wirtin bei der Erinnerung daran die Tränen aus den Augen, als sie mir weiter berichtete: »Aber nachher bin ich rebellisch 'wordn.

›Schaust net gleich, dass d' heimkommst‹, hab ich gsagt, und ich hab ihm am Kragn gepackt und ihm zeigt, wo de Tür ist.« Voll Empörung über das würdelose Verhalten des Hinterdoblers erklärte sie abschließend: »Wissen S', Frau Linner, auf solche Gäst', da kannst verzichten. Da drehn sich ja die Heiligen in der Kirch um, wenn der in die Mess gehen möcht. Aber i' hab's ihm zeigt, was i' von ihm halt!«

Und die Unterbräuwirtin blieb konsequent, sie ließ den Hinterdobler nur noch dann in ihre Wirtschaft, wenn sie es für verträglich hielt. So zum Beispiel nach dem Kirchgang zum Frühschoppen oder einmal die Woche zum Schafkopfspielen in der Stammtischrunde. Auch war der Bierausschank für den Hinderdobler ab einer gewissen Menge gesperrt, das heißt, die Unterbräuwirtin schenkte ihm nach der vierten Halbe einfach nichts mehr aus. Ein wenig mag es sicherlich an dieser patenten Frau gelegen haben, dass sich der Hinterdobler in seinem Verhalten besserte. Doch glaube ich, dass ihm bewusst geworden war, wie leichtsinnig er mit seiner Trinkerei das Leben seiner Frau in Gefahr gebracht hatte. Und seine Frau Monika liebte er doch sehr, auch wenn er seine Gefühle nicht recht zeigen konnte. Damals, als die beiden geheiratet hatten, trug er seine Frau auf Händen. Und auch die Kinder, die Gott ihnen im Laufe der Jahre geschenkt hatte, liebte er sehr. Doch das Leben abseits in der Einöde und die schwere Arbeit, die er dort tagein, tagaus vom frühen Morgen bis zum späten Abend zu verrichten hatte, hatten beim ihm Spuren hinterlassen. Am Anfang war er noch glücklich gewesen, auf dem einsamen Hof zu leben ohne Anschluss an die Außenwelt, nur mit seiner Familie. Doch im Laufe der Zeit litt er immer mehr an der Einsamkeit. Trost suchte er, wie leider viele andere auch, im Alkohol. So begann der Zerfall der Familie, der fast tragisch geendet hätte.

Als ich die Familie nach langer Zeit wieder einmal gemeinsam beim Kirchgang traf, stellte ich zu meiner Freude fest, dass der Bauer gut und gepflegt aussah. Während des Gottesdienstes hatte er seinen Arm um Monika gelegt, und die kleine Anni saß auf seinem Schoß. Die größeren Geschwister waren allesamt um die jüngste Schwester Sophie bemüht, die ein wenig aufmüpfig in ihrem Kinderwagen seltsame Babygeräusche von sich gab. Ich glaube, der Bauer hat seine Alkoholsucht bezwungen und hat sich auf die Dinge besonnen, die für sein Leben wichtig waren. Ich habe die Hinderdoblerleute noch oft besucht in ihrer Einöde, und ich habe jedes Mal eine glückliche Familie vorgefunden.

## *Der weiße Regen*

Es war ein kurzer, aber heftiger Herbst gewesen in diesem Jahr, sehr zum Missfallen der Bauern, bei denen es auf dem Feld noch einiges zu tun gab. Die Herbststürme waren so stark, dass man gerade auf Höfen mit großem Waldbesitz in ständiger Unruhe war. Mancher hatte auch tatsächlich erheblichen Windbruch zu beklagen. Nachdem das Wetter wieder ruhiger worden war, hielt auch schon bald der Winter seinen Einzug. Der Regen wandelte sich zuerst in Schneeregen und dann in dicke weiße Schneeflocken.

Der Winter begann früh und sollte lange dauern. Ich erinnere mich deshalb so gut daran, weil ich genau in diesem Winter in die Stadt gerufen wurde und dort eine interessante Bekanntschaft machte. Mein Auftrag führte mich zum Zirkus, der dort gastierte. Besser gesagt, die Artisten machten dort gezwungenermaßen Halt, nachdem sie wegen des frühen Wintereinbruchs mit ihren Wohnwägen das winterliche Ruhequartier nicht mehr rechtzeitig erreichen konnten.

Meine Fahrradspur markierte den Weg, auf dem ich am frühen Morgen zu einem dieser Wohnwägen strebte – ein Zeichen dafür, dass nicht allzu viele Menschen hier ein- und ausgingen. »Sie brauchen Ihr Fahrrad nicht absperren«, hörte ich eine männliche Stimme. »Das Fünferl lässt niemand an Ihr Fahrzeug heran.« Das Fünferl war ein großer Mischlingshund, der mich ausgiebig beschnupperte, ob mir auch zu trauen sei. Seine großen, treuen Augen betrachteten mich aufmerksam und, wie es mir schien, wohlwollend.

Die Tür zum Wohnwagen wurde von innen geöffnet, und ein junger Mann mit Namen Enrico, offenbar der Kindsvater, begrüßte mich höflich und bat mich herein. Als ich den Wohnwagen betrat, war ich wie geblendet von einem Meer an bunten Lichtern, die dort installiert waren; es schien, als beträte ich eine andere Welt. Irritiert, aber zugleich beeindruckt, hatte ich die werdende Mutter gar nicht bemerkt, die ans Fenster gelehnt nach draußen sah. Es schien, als betrachtete sie mit ihren großen, leuchtenden Augen jede Schneeflocke einzeln, sie konnte sich an dem Schneetreiben gar nicht satt sehen.

»Meine Frau kommt aus dem südlichen Indien, Schnee hat sie noch nie gesehen, für sie ist es wie ein weißes Wunder«, erklärte mir der junge Ehemann. Ein sehr hübsches, fast noch kindliches Gesicht wandte sich mir mit einem kleinen Lächeln zu. Nach meinem Gruß, den sie nach Sitte der Heimat mit gefalteten Händen erwiderte, hörte ich ihre ersten Worte: »Weißer Regen, wie schön ist weißer Regen!«

Während sie das sagte, strahlte sie mich mit ihren dunklen Augen an. Der weiße Regen faszinierte sie so sehr, dass es schien, als habe sie den Grund meines Kommens völlig verdrängt. Im Gegensatz zu anderen Geburten erwartete mich hier eine völlig in sich ruhende Frau. Wie oft hatte ich es schon erlebt, insbesondere bei Erstgebärenden, dass sie voller Panik, laut schreiend, die Hebamme herbeiriefen. Doch hier erschien mir alles anders – die ausgeglichene, schöne Frau, die eine innere Ruhe ausstrahlte, und die Atmosphäre des Wohnwagens, die mir ungewöhnlich und fremd erschien; der Wohnwagen war komplett mit Spiegelwänden versehen, was mich etwas nervös machte. Wie ich mich auch bewegte, überall begegnete ich meinem Spiegelbild. Es gab kein Entweichen vor diesen Reflexen. Drehte ich verunsichert meinem Konterfei den Rücken zu, fand ich mich auf der gegenüberliegenden Seite wieder. Es war schrecklich! Wie konnten diese Menschen unter diesen Bedingungen leben? Ich muss gestehen, in diesem Augenblick sehnte ich mich nach den Höfen, den Stuben oder Kammern, in denen meine anderen Mütter ihre Kinder zur Welt brachten.

Esmalda, die werdende Mutter, zog es vor, auf dem mit schweren Teppichen ausgelegten Fußboden auf ihr Kind zu warten. Im Yogasitz verarbeitete sie die Wehen, wie es in ihrer Heimat erprobt und vermutlich üblich ist. Aufmerksam folgte sie meinen Anweisungen, und gelegentlich glänzten ein paar Schweißtropfen auf ihrer bronzenen Haut. Es war eine ruhige, entspannte Atmosphäre in diesem Raum, wären da nicht diese entsetzlichen Spiegelwände gewesen, die mir fast den Verstand raubten.

Allmählich fand ich mich zumindest mit den bunten Lichtern ab, doch an die Spiegelwände konnte und wollte ich mich nicht gewöhnen. Mehrere Stunden war ich nun schon diesem schwer zu ertragenden Phänomen ausgesetzt, und ich sehnte mich nach draußen, nach der Natur, nach dem Schnee, nach der Normalität.

Dann endlich kam die Stunde, als Esmalda meine Hand in Angst und Schmerzen umklammerte und ihren Gott in ihrer Sprache um Schutz und Beistand bat. Nur kurze Zeit später hatte ihr erster Sohn das Licht der Welt erblickt. Esmalda und ihr Enrico betrachteten gerührt und staunend dieses wunderbare Geschenk: ein wohlgeratenes, gesundes Kind, das nun zu ihnen gehörte. Voller Stolz hob der Vater sein Kind hoch und stellte sich so vor die Spiegelwand, dass sich das Kind ungefähr zehn Mal spiegelte und mir beim Anblick fast schwindlig wurde. Der gesunde Bub schrie sein Dasein den Spiegelwänden entgegen.

Wie es unter den Zirkusleuten Tradition ist, ging Enrico zum Aufgang seines Wohnwagens, wo eine große Glocke hing. Mit all seiner Kraft begann er am Strang zu ziehen, und die Glocke schlug so laut und lange an, dass sie nicht mehr zu überhören war. Sie verkündete, dass es neues Leben gab, über das sich alle freuen sollten.

Die große Gemeinschaft der Zirkusleute versammelte sich in nur wenigen Minuten rund um den Wohnwagen der frisch gebackenen Eltern. Es war interessant, mit anzusehen, welch unterschiedliche Menschen sich hier zusammenfanden. Es war eine bunt gemischte Truppe mit Künstlern aus aller Welt, groß und klein, jung und alt, mit müden, faltenreichen Zügen die einen, flink, gewandt, mit frischen gesunden Gesichtern und wachen Augen die anderen. Alle wollten dem kleinen Erdenbürger ihre Reverenz erweisen. Sie lachten und freuten sich mit den Eltern Esmalda und Enrico. Manche brachten Geschenke mit, Blumen und orientalisch anmutende Speisen. Man überhäufte die junge Familie förmlich mit Glückwünschen, Gebeten und Umarmungen. Es war schön, zu erleben, welches Gemeinschaftsgefühl hier bestand und wie herzlich die Gefühle füreinander waren. Fahrendes Volk, so heißt es, ist sich auch ohne verwandtschaftliche Bindungen in Freud und Leid, in Glück und Trauer ganz besonders zugetan. Ich durfte das an diesem Tag erfahren und staunte über den Zusammenhalt unter diesen Leuten.

Ein kleines Mädchen war mir am Tag der Geburt des kleinen Ernesto, so wurde der Bub getauft, besonders aufgefallen: die neugierige, naseweise Luzia. Mit großen Augen hatte sie beobachtet, wie ich den kleinen Jungen badete und ihm anschließend den Nabelverband anlegte. Ich hatte mich sehr darüber gewundert, dass Luzia keinen Schritt von meiner Seite wich. Das erklärte ich mir so, dass sie ihre Erkenntnisse wahrscheinlich auf ihr Spiel mit den Puppen übertragen wollte, und ließ sie also genau zusehen. Doch ich hatte mich getäuscht. Als ich am nächsten Tag zum Kontrollbesuch zu Esmalda kam, sah ich beim Nachbarwagen im Vorzelt einen großen Hundekorb stehen. Darin, so schien es, ging es recht turbulent zu. Ich erkannte den Mischlingshund »Fünferl«, dessen Bekanntschaft ich schon am Vortag gemacht hatte. Etwas erschöpft lag er in dem Korb, und um ihn herum lagen drei quietschfidele, gesunde Welpen. Nicht nur Esmalda, auch Fünferl hatte also am gleichen Tag Babys zur Welt gebracht – drei Welpen unbekannter väterlicher Herkunft und Rasse, die nun wohl geborgen im Schutze ihrer Hundemutter zu Hause waren. Voller Stolz stand die kleine Luzia neben der Hundefamilie, und jetzt wusste ich auch, warum am vorherigen Tag das verbundene Bäuchlein des Neugeborenen solch großen Eindruck auf sie gemacht hatte. Alle Welpen trugen einen aus weißen Stoffresten gefertigten Nabelverband. Luzia hat ihr Wissen, das sie durch ihre Neugier und Aufmerksamkeit erworben hatte, an Fünferls Kinder weitergegeben. Eine Tatsache, die mein Herz zutiefst rührte! Ich war mir in diesem Augenblick sicher, dass auch Luzia eines Tages Kinder bekommen würde und dass sie sicherlich eine gute, fürsorgliche Mutter werden würde.

Der kleine Ernesto gedieh prächtig. Spiegelwände und bunte Lampen schienen ihn in seinem Wachstum nicht zu stören. Er wurde ein fröhliches Kind, geliebt von seiner Umgebung, dem gesamten Artistenvolk.

Sooft der Zirkus in der Nähe unseres Dorfes gastierte, kam Enrico zu mir ins Haus und lud mich zu einer Vorstellung ein. Ich freute mich jedes Mal, wenn ich Zeit hatte, die Einladung anzunehmen. Denn es war für mich in der damals oft entbehrungsreichen Zeit eine willkommene Abwechslung vom harten Alltag. Irgendwann kam der Zirkus dann nicht mehr in unsere Nähe; das tat mir sehr Leid, denn zum einen hatte ich mich immer sehr auf die Aufführungen gefreut, und zum anderen konnte ich den Lebensweg »meiner« kleinen Zirkusfamilie jetzt nicht mehr weiter begleiten.

Viele Jahre gingen vorüber, ohne dass ich die Zirkustruppe wiedertraf. Sehr oft dachte ich an die schöne Esmalda und den Buben Ernesto, denn seine Geburt hatte bei mir einen prägenden Eindruck hinterlassen und war mir in ganz besonders lieber Erinnerung geblieben.

Nach Jahren wurde ich eines Abends zu einer Geburt in die Stadt gerufen. Es war ein warmer Sommerabend, und es stellte sich bald heraus, dass die Geburt etwas komplizierter werden würde. Ich verbrachte die ganze Nacht in der Stadt, und erst am nächsten Morgen, als ich der Mutter ein gesundes Mädchen in die Arme legen konnte, war meine Arbeit beendet. Ich war zwar sehr müde von der anstrengenden Nacht, doch sofort nach Hause fahren und ins Bett gehen wollte ich an diesem Tag noch nicht. Zu schön strahlte die Sonne vom Himmel, und die Vögel zwitscherten so fröhlich, dass ich beschloss, noch ein wenig in der Stadt zu bleiben und mir ein paar Mußestunden zu gönnen. So bummelte ich zuerst ein wenig durch den Park, bevor ich mich in ein Café setzte, um eine große heiße Tasse Tee zu trinken. Und während ich dort saß und die Menschen bei ihren geschäftigen Wegen durch die Straßen beobachtete, fiel mir eine sehr schöne Frau auf, etwa 40 Jahre alt, mit einem dunklen Teint. Neben ihr lief ein hoch gewachsener junger Mann, braun gebrannt, mit orientalischen Zügen und schwingendem Gang, der einer Gazelle glich. Ich musste nicht lange darüber nachdenken und erkannte die beiden sofort. Es war die schöne Esmalda mit ihrem Sohn Ernesto, den ich auf die Welt gebracht hatte. Schnell zahlte ich meinen Tee und lief den beiden hinterher. Das Hallo war riesengroß, Esmalda umarmte mich und küsste mein Gesicht vor Freude. Sie erzählte mir, wie sehr sie mich in all den Jahren vermisst habe und wie gerne sie einmal zu mir gekommen wäre. Doch der Zirkus hatte seine Route geändert und in meiner Stadt nicht mehr gastiert. In der damaligen Zeit, ohne Auto und mit kleinem Kind, war es für Esmalda einfach nicht möglich gewesen, auf eigene Faust zu kommen, deshalb gab es in all den Jahren kein Wiedersehen.

Wie freute ich mich, dem nun fast 20-jährigen Ernesto die Hand zu geben und ihm über die Wange zu streicheln! Schon als ich ihn aus der Ferne gesehen hatte, war mir klar gewesen, dass in diesem jungen Mann Zirkusblut steckte, und so verwunderte es mich überhaupt nicht, als er auf meine Frage, was er denn mache, antwortete: »Auf dem hohen Mast in schwindelnder Höhe, da ist meine Welt. Da bin ich zu Hause«, und lachte. Unwillkürlich musste ich an meine Eintragung über Ernestos Geburt in meinem Tagebuch denken: »Geboren an dem Tag, als der weiße Regen kam.«

## *Die Gerechtigkeit nahm ihren Lauf*

Heute ist sie alt, die gute Amalie, und ihr Mann längst tot, sodass die vorliegende Geschichte ihre Tragik verloren hat. »Es ist so lang her«, sagt Amalie. »I hab's zwar net vergessen, aber heut, nach so viel Jahr', reg ich mich da drüber nimmer auf.« Am Kreißbett ihrer jüngsten Enkelin wird in mir die Erinnerung an das, was ich damals miterlebt hatte, wieder lebendig.

Amalie und Xaver waren bescheidene Leute, die mit Reichtum weiß Gott nicht gesegnet waren. Sie lebten auf dem Aubergerhof, der weit abseits, versteckt im Tal, beim Höllenfelsen lag. Nicht allzu viele Menschern verirrten sich dorthin, denn über den Höllenfelsen erzählten die alteingesessenen Dorfbewohner eine solch gruselige Geschichte, dass einem stets beim Passieren des Felsens ein Schaudern über den Rücken lief.

Der Fels soll auf folgende Weise zu seinem Namen gekommen sein: Ein Jäger, der einmal in der Gegend pirschte, wurde von einem schweren Unwetter überrascht. Seiner Meinung nach hatten Hexen das Gewitter heraufbeschworen. Als der unerschrockene Jäger in das wilde Toben am Himmel blickte, sah er auf einer dunklen Wolke eine hässliche Hexe direkt an dem Felsen vorbeireiten. Blitzschnell schob er eine Kugel in den Gewehrlauf, zielte und schoss auf dieses böse Wesen. Er verfehlte es jedoch, die Kugel schlug gegen den Höllenfelsen, prallte ab und traf den Jäger mitten ins Herz. Der sank zu Boden und war sofort tot.

Das Unwetter war eines der schlimmsten, die das Dorf jemals miterlebt hatte. Drei Höfe wurden damals vom Blitz getroffen und gingen in Flammen auf, zahlreiche Felder und Wiesen wurden entsetzlich verwüstet. Seitdem heißt der Felsen Höllenfelsen, und ich kannte einige Dorfbewohner, die es tatsächlich nach Möglichkeit vermieden, dorthin zu gehen – besonders dann, wenn sich ein Unwetter am Himmel ankündigte.

Nun, mir blieb nichts anderes übrig, als sehr oft an dieser Stelle vorbeizulaufen. Denn nach und nach erblickten vier Kinder auf dem Aubergerhof das Licht der Welt. Bei allen habe ich Geburtshilfe geleistet. Und da ich mit fast allen »meinen« Kindern auch später noch Kontakt halte, führte mich der Weg auch Jahre nach den Entbindungen immer wieder in diese Abgeschiedenheit. Wie schon erwähnt, war die Welt von Amalie und Xaver beschaulich, fast ärmlich, aber glücklich. Bei all meinen Besuchen war die Stube sauber geputzt und aufgeräumt, es gab eine warme Mahlzeit, und die Kinder spielten vergnügt vor dem bullernden Kachelofen.

Xaver, der Bauer, war zwar fleißig, doch hatte er nie das Geschick und Glück gehabt, mehr aus seinem Hof und seinem Leben zu machen. So hatte er sich zum Beispiel mühsam die Kosten für einen größeren Viehbestand vom Munde abgespart. Stolz sah man ihn die Tiere über die Berge treiben. Doch nach nur kurzer Zeit vernichtete eine rätselhafte Seuche seine Herde fast vollständig. Auch erfuhr ich einmal die Geschichte mit seinem Weizenfeld. In einem Jahr hatte sich das Getreide besonders gut entwickelt, die Ernte, die zu erwarten war, ließ die Augen des Bauern wahrlich leuchten. Doch genau in der Nacht vor der Ernte kam ein fürchterliches Unwetter und zerstörte den Weizen völlig. So kam es auch, dass seine Frau Amalie mit Arbeiten jeglicher Art versuchte, ihren Lebensstandard ein wenig aufzubessern. Sie begleitete ihre Kinder jeden Tag zur Schule ins Dorf. Während die Kinder lernten, putzte Amalie in den Häusern der »besseren Leut«, so wie es damals hieß. Amalie war sich für keine Arbeit zu schade. Was hätte sie sonst auch machen können? Den kleinen Hof konnte ihr Mann allein bewirtschaften, er brauchte ihre Hilfe nicht, und nur darüber klagen, dass das Geld fehlte, wollte sie auch nicht. Mit der Putzarbeit verdiente sie einiges, mit dem sie kleine Wünsche erfüllen konnte, weniger eigene als die ihrer geliebten Kinder. Ab und zu erhielt sie auch von der Pfarrhaushälterin ein Stück Speck, Brot oder Butter zugesteckt, sodass sich alle auf dem Hof über eine kräftige Brotzeit freuen durften.

Alles in allem schien die Familie zufrieden zu sein, bis sich plötzlich in Xavers Kopf eine fixe Idee breit machte, die ihn nicht mehr losließ und die er in die Tat umsetzen wollte. Niemand wusste um seine Gedanken, auch seine Frau Amalie nicht. Natürlich war ihr bekannt, dass Xaver nicht sehr erfolgreich war bei der Bewirtschaftung des Hofes, doch dass er in seinen Fantasien in einer ganz anderen Welt lebte, das sollte sich erst viel später herausstellen.

Es ergab sich, dass zu diesem Zeitpunkt die alte Wabn, die im Zuhäusl des Grübnerbauern wohnte, nach jahrelangem Siechtum das Zeitliche segnete.

Amalie hatte das alte Weiblein seit dem Ausbruch der Krankheit liebevoll gepflegt, und als Dank für diese Arbeit und Zuwendung wurde sie im Testament der Verstorbenen bedacht. »Wer hätt des denkt, dass die alte Wabn so viel Geld ghabt hat«, staunten die Leute, als das Erbe offenkundig wurde. Da die Wabn keine direkten Erben, nur weitschichtige Verwandte hatte, setzte sie Amalie als alleinige Erbin ein.

Der Herr Pfarrer, der die gute Tat der Amalie lobte, meinte: »Die aufopfernde Pflege ist nicht nur im Himmel registriert, sondern auch auf Erden gerechterweise belohnt worden.« – »Sie hat dieses Erbe schwer und redlich verdient«, war auch die Ansicht der Nachbarn.

Doch nun meldeten sich die weitschichtigen Verwandten, die die Wabn, wenn überhaupt, nur vom Hörensagen kannten, und pochten auf das Erbe, das ihnen und nicht wie verfügt Amalie zustehe. Die gerichtliche Auseinandersetzung endete mit dem Beschluss, dass die Aubergerbäuerin die rechtmäßige Erbin sei; denn ein gültiges Testament habe Gesetzeskraft.

Amalie schwebte wie auf Wolken. Ein paar tausend Mark, was für eine Riesensumme für diese kleinen Leute! »Des geht noch gar net in meinen Kopf hinein«, meinte sie damals zu mir. Dass dieses wohlverdiente Geld viel Tränen und noch mehr Ärger bringen würde, ahnte sie damals noch nicht.

In Xavers Kopf rumorte es noch mehr bei dem Gedanken an den plötzlichen Geldsegen. Fiebernd wartete Amalie nun täglich auf den Postboten, der, wie sie im Traum immer sah, die Scheine auf den Tisch des Hauses blättern würde. Dieses Warten war aufreibend. Es vergingen Wochen, es vergingen Monate. Der Geldsegen kam nicht.

Die Bäuerin wurde mit jedem Tag nervöser, während ihr Mann lächelte und schwieg. »Wo bleibt denn des Geld bloß?«, fragte Amalie den Xaver. »Oder wird es überhaupt net kommen?« Der Angesprochene hob nur seine Schultern und antwortete grinsend: »Was weiß denn ich!« Allmählich wurde es Mutter Amalie unheimlich. Alle Pläne, die sie geschmiedet hatte, sollten sie sich in Luft auflösen?

Sie wollte nun Gewissheit haben und ging, ganz gegen ihre Gewohnheit, der Sache nach. Der freundliche Beamte, der sie durch seine randlose Brille erstaunt ansah, fragte misstrauisch: »Haben Sie dieses Geld denn nicht bekommen? Das ist doch längst zugeteilt worden.« Um Amalie drehte sich alles, der Raum, die Gegenstände, der Beamte vor ihr.

»Warten Sie«, sagte der. »Ich sehe noch einmal nach.« Ein hoffnungsvolles Wort für diese zitternde Frau, die wie gebannt auf den Aktenordner schaute, der nun geöffnet wurde. Langsam blätterte der Mann mit der randlosen Brille, dann schien er das Gesuchte gefunden zu haben. Er antwortete: »Ihr

Erbe ist am 6. 5. letzten Jahres ausbezahlt worden.« – »Ja, um Gottes willen, an wen denn?«, schrie Amalie. Der Beamte deutete auf eine Unterschrift mit der Frage: »Ist das die Schrift Ihres Mannes?« Amalie hauchte ein »Ja«, und Tränen liefen über ihre Wangen. Der Beamte schloss die Akte, auch ihn berührten diese Tränen. Und Amalie, tief enttäuscht vom Verlust des ihr zustehenden Erbes – aber noch mehr vom Verhalten ihres Mannes, der sie so hintergangen hatte –, wandte sich der Tür zu. An dem Tag eröffnete sie mir: »Es in meinem Innern etwas zerbrochen.«

Das Motorrad, das der Xaver mit diesem Geld gekauft hat, hat ihm kein Glück gebracht. Bei einem Unfall verlor er ein Bein und hatte seither jede Freude am Leben verloren. Obwohl Amalie dabei mit die Leidtragende war – sie musste die Arbeit, die bisher er getan hatte, mit übernehmen –, kommentierte sie das Geschehen befriedigt mit den Worten: »A Gerechtigkeit gibt's. Die gibt's ganz gwiss, des weiß i jetzt.«

## *Die Magd vom Heidhof*

Barfuß stapfte Ursula querfeldein über das Stoppelfeld, als wäre es blanker Boden. Die spießigen Resthalme des Ackers schien sie nicht zu beachten auf ihrem Weg von der Schule nach Hause. Als ich von ihr wissen wollte, warum sie nicht den Wiesenweg nehme, um den stacheligen Halmen zu entgehen, antwortete sie vergnügt: »Die Stoppeln, die fürcht ich net, du darfst die Füß' halt net grad aufsetzen, sondern schief, von der Seite her, dann tut's net weh, und über den Acker is der Weg halt viel kürzer.«

Ursula war ein nettes kleines Mädchen mit langen dunklen Zöpfen und zwei großen dunklen Augen, die mich vertrauensselig anschauten. Sie war das älteste von sechs Kindern und musste auf Anweisung der Mutter auf schnellstem Weg von der Schule nach Hause kommen, um die jüngeren Geschwister zu hüten. Und Schularbeiten, die gab es ja auch noch zu erledigen.

Die Familie Hirlwimmer lebte in sehr bescheidenen Verhältnissen. Der Verdienst des Vaters als Tagelöhner war karg, aber Milch und Kartoffeln gab es immer. Vater und Mutter waren beide des Schreibens unkundig, doch da waren hilfreiche Nachbarn, zu denen man kommen konnte, wenn ein amtliches Schriftstück zu beantworten war. Man machte sich darüber keine großen Sorgen, denn irgendwann würde Ursula in der Lage sein, Briefe zu verfassen. Allerdings schienen die geistigen Kräfte des Mädchens auch nicht besser entwickelt zu sein als die ihrer Eltern. Immerhin war aber die Älteste noch in einer glücklicheren Lage als ihre Geschwister, denen man an der verkrampften Körperhaltung und der unverständlichen Aussprache anmerkte, dass sie offenbar an einer Behinderung litten.

Mit Hängen und Würgen schaffte Ursula einen sehr mittelmäßigen Schulabschluss. Sie ging als Erste aus dem Elternhaus, und ein Esser weniger am Tisch war für die Hirlwimmerleute eine große Erleichterung.

Mit vielen mütterlichen Ratschlägen und Ermahnungen zu Pflichterfüllung und absolutem Gehorsam wurde das noch kindliche junge Mädchen als Magd auf den Heidhof verdingt. Dort lebte sie nun als eine Geschundene, als Letzte der Gesellschaft – ein Schicksal, das sie in der damaligen Zeit mit vielen anderen teilte. »Ja, ja«, meinte die Wabn, die alte Kräutersammlerin, mit ihrem gesunden Realismus zu mir, »die Hirlwimmers, die stellen bald die Dienstboten für die ganze Umgebung, weil ihre Kinder keinen Beruf net haben, keinen lernen können, weil s' z' dumm sind dazu. A so kann's gehn, wenn der Mutter der Schnaps lieber is als gsunde Kinder, des hat s' davon, depperte Kinder, die net amal als Dienstboten recht taugn. Und die deswegen ihrer Lebtag nix z' neiden sind. Naa, is des a Kreuz.«

In den Jahren auf dem Heidhof machte Ursula das Beste aus ihrem kümmerlichen Dasein als Magd und Mädchen für alles. Man war gegenseitig zufrieden, sowohl der Bauer mit dem arbeitswilligen, folgsamen Mädchen, als auch Ursula, die reichliches Essen und eine eigene Schlafkammer sehr zu schätzen wusste. Jahrelang blieb das so, man vertraute einander und lebte und arbeitete im besten Einvernehmen. Ursula gehörte schließlich zum Hof wie das Amen in der Kirche, und man glaubte, dass sich daran nie etwas ändern würde. Bis eines Tages die Heidhoferin eine für sie völlig unverständliche, schockierende Nachricht bekam. Ursula erklärte ihr: »Bäuerin, i' muss dir meinen Dienst aufsagen auf Lichtmess.«

Es verging eine ganze Weile, bis diese das Warum erfragen konnte. »Dirndl, was ist passiert, dass du vom Heidhof weggehen möchtst, i' versteh dich net, magst mehr Lohn oder a bessers Bett, a andere Kammer, sag's nur?«, fragte die Heidhoferin völlig verwirrt. – »Naa, naa, Bäuerin, es is alles recht bei euch«, schluckte Ursula die Tränen, die ihr dann doch über die Wange liefen, hinunter, »aber ich heirat, weil ich halt mein', a eigene Heimat haben …«

Nun weinten beide, die kommende Trennung schmerzte, denn auf dem Heidhof würde sich mit diesem Tag einiges ändern. Beide Frauen hingen ihren eigenen Gedanken nach, als die Heidhoferin noch einmal das Wort ergriff: »Is es hoffentlich a rechter Mann, den du heiraten möchtst?« – »Ja, der Hoflehner-Simmerl halt, du kennst ihn eh, er hat a kleines Sachl, und die Kiesgrubn in Höll hinten, die ghört ihm auch«, gab Ursula Bescheid. – »So, so, der Hoflehner-Simmerl«, sagte die Bäuerin etwas nachdenklich. Auffällig gedehnt klangen ihre

Worte, als gäbe es noch Einwände, die sie lieber nicht aussprechen wollte.

Trotz ihrer müden Glieder schlief Ursula in dieser Nacht schlecht. Die Worte der Heidhoferin klangen in ihr nach; sie hatten sich nicht sehr ermutigend angehört, und die junge Frau glaubte aus ihnen Warnglocken zu hören. Plötzlich waren Ursulas Sinne hellwach. Sie erfasste nun die Lage, in der sie sich befand. Ihr fiel ein Gespräch mit dem Simmerl ein, in dem dieser sie gefragt hatte, wie viel Erspartes sie »auf der Seitn« habe, und noch andere unangenehme Kleinigkeiten.

Müde und zerschlagen begann sie am Morgen ihr Tagwerk – wie immer, und doch würde dieser Tag anders sein. »Bäuerin«, begann Ursula, »gibst mir heut auf ein paar Stunden frei, i' muss mit dem Simmerl noch amal reden, unbedingt muss ich des.« – »Ja, geh nur, Dirndl«, antwortete diese. »Damit alles ausgeredet is, net, dass es nachher zu spät ist.«

Ursula machte sich auf den Weg, sie lief über Wiesen und Äcker, über abgeerntete Kornfelder hinunter nach Hoflehen. In ihren primitiven Gedanken formulierte sie das Gespräch mit dem Simmerl, das eine Wende bringen sollte.

»Was gibt's?«, war dessen Frage, als er das Mädchen prustend und schnaufend auf sich zukommen sah. Ohne Vorrede kam Ursula auf das, was es zu sagen gab, was sie in einer schlaflosen Nacht beschlossen hatte. »Mit uns zwei wird's nix, weil ich dich net heiraten mag, du findst leicht a anderes Dirndl, ja, und des is des, was ich dir sagen wollt, und jetzt pfüat dich!«

Der Simmerl, erstaunt, verärgert, in seiner Würde verletzt, antwortete zornig: »Öha, a so geht des net. Ich hab dein Wort, und des geb ich dir net z'rück, oder möchtest vielleicht wortbrüchig werdn, ha?«

Ursula erstarrte. Wortbrüchig, nein, dieses gotteslästerliche Wort sollte nicht auf sie zutreffen. Sie wusste, was ihr Vater von wortbrüchigen Menschen hielt. Was sollte sie tun? Es war zum Verzweifeln. Doch der Simmerl setzte Ursulas Überlegungen ein Ende, indem er mit zwei goldenen Ringen in der Westentasche auf dem Heidhof erschien und beim Herrn Pfarrer die Hochzeit bestellte. So nahm das Schicksal seinen Lauf, und Ursula heiratete Simon Hoflehner, einen Mann, von dem sie wenig wusste, dem sie trotz ihrer Zweifel auf Hoflehen folgte, um eine »eigene Heimat« zu haben. Eine Ehe, von Zweifel geprägt!

Seit einigen Monaten war also Ursula nun Kleinbäuerin von Hoflehen, doch sie hatte Heimweh nach dem Heidhof und seinen Menschen. Sie wurde traurig, wenn sie an diese zweite Heimat dachte, die ihr viel gegeben, in der sie viel gelernt hatte. Die Einsamkeit in dieser Einöde verstärkte noch ihre trübe Stimmung, doch nun gehörte sie hierher, es war ihr Zuhause, das sie selbst gewählt hatte mit allen nicht immer sehr erfreulichen Begleiterscheinungen. Mehrere Wochen war sie mit Aufräumarbeiten beschäftigt, um ein gemütliches Heim zu schaffen, worum sich Simmerl, der lange Jahre Junggeselle gewesen war, nicht gekümmert hatte. Im Geiste hörte sie sehr oft die Stimme der Heidhofbäuerin, die sie beratend und belehrend in das Leben einer Bäuerin eingeweiht hatte: »Geh deinen Weg, so wie du ihn immer gegangen bist, aufrecht und rechtschaffen, und duck dich net vor deinem Mann, wenn er dich mit Arbeit ausnutzen möchte, du bist ihm gleichwertig, und des muss er lernen. Und wenn er es net kann und net versteht, dann musst es ihm zeigen. Trau dich nur und schluck net alles in dich hinein, denn der Ärger, der macht dich sonst krank.« Ganz besonders eindringlich ermahnte sie Ursula, dass sie Erspartes, das sie hart und mühsam erarbeitet hatte, für sich behalten solle. »Du weißt net, wie notwendig du dein Geld noch einmal brauchst.«

Die Gedanken dieser einfachen Bäuerin waren weise, voller Lebenserfahrung, aber auch voll Güte und Herzenswärme, was man auf dem Heidhof immer gespürt hatte. Ursula versuchte dieser klugen, mütterlichen Frau nachzueifern, die Heidhoferin wurde für die junge Hoflehnerin zum großen Vorbild. Sehr bald bemerkte Ursula, dass nicht nur gelernte Arbeit, sondern auch geistiges Wissen für sie zur Notwendigkeit wurden. Sie begann das in der Schule Gelernte wieder hervorzuholen, es auszuweiten, um, wie sie sagte, mitreden zu können. Sehr bald erfasste sie, dass Simmerl ihr keine Rechte auf Hoflehen eingeräumt, ja ihr diese direkt vorenthalten hatte. Sie musste hören, dass sie als Bäuerin nur Pflichten habe und er der alleinige Herr von Haus und Hof sei. Mit ihrer Unterschrift hatte sie damals bestätigt, was ihr nun zum Ärgernis wurde, aus Dummheit und Gutgläubigkeit, vielleicht auch aus Unwissenheit.

Trotz dieser Zurücksetzung werkelte Ursula von früh bis spät. Auch die Kiesgrube brauchte ihre Arbeitskraft, und zwar im besonderen Maße. Selbst als sie neues Leben in sich verspürte, setzte sie der schweren Arbeit keine Grenzen. Ihr Körper rächte sich dann auch für seine Misshandlung, und sie verlor ihr Kind. Weinend bat mich Ursula damals zu sich, um zu retten, was noch zu retten wäre. Aber es gab keine Hilfe mehr, es war zu spät. Ein unreifes Kind wurde geboren, das nicht lebensfähig war, und daran war vermutlich die ungeheure Belastung seiner Mutter durch körperliche Arbeit schuld.

Es herrschte Trauer in Hoflehen. Ursula weinte um ihr Kind, und Simmerl stand schweigend und mutlos vor dem kleinen toten Körper seines Sohnes. Und jetzt fiel mir erst richtig auf, wie zerschunden und ausgemergelt Ursula war! Ihr Gesicht war schmal, und die schönen Augen hatten ihren Glanz verloren. Die Hände zeigten die ganze Härte der Schwerstarbeit. Arme Ursula, was ist nur aus dir geworden, aus dem einstmals hübschen, frohen Mädchen!

Der Winter kam, und er regierte in diesem Jahr mit besonderer Strenge. Hoflehen war eingeschneit in seiner Mulde, und die Einsamkeit drückte noch mehr auf das Gemüt der Menschen, als ich dorthin gerufen wurde. Es schien, als habe die junge Bäuerin aus dem vorausgegangenen Drama gelernt. Sie versicherte mir glaubhaft, dass sie die Kiesgrube seit dem frühen Tod ihres ersten Kindes nicht mehr betreten habe. Sie habe sich durchgesetzt, obwohl der Simmerl sich nur widerwillig darein gefügt habe.

Mir schien, als habe sich Ursula in ihrem Wesen geändert. Sie war selbstbewusster geworden, und ihre Meinung wurde jetzt auch von ihrem Mann akzeptiert. Eine erstaunliche Wandlung! Hatte sie der tragische Tod des ersten Kindes geprägt?

Und nun gab es wirklich bald neues Leben auf Hoflehen. Zwei gesunde Buben schrien ihr Dasein zur Freude der Eltern in die Stube. Diese Zwillinge förderten die Tatkraft ihrer Mutter, die bald in der Familie die Zügel in der Hand hielt. Nach mehreren Jahren – Ursula hatte schon bald das Ende ihrer fruchtbaren Zeit erreicht – meldete sich noch ein kleines Mädchen auf Hoflehen, zur besonderen Freude seiner Mutter. Diese war älter geworden, doch der Glanz in ihren Augen war wieder zurückgekehrt. Ihr Leben hatte eine andere, eine bessere Wende genommen. Auf meine Frage, wie sie dies zustande gebracht habe, antwortete sie in ihrer einfachen, aber direkten Art: »Weil's mir auf einmal zu dumm 'worden ist, und dann hab ich aufbegehrt, er, der Simmerl, hätt mich umeinander'trieben wie einen Hund, so als ob ich gar nix gelten tät, und dann hab i' rebelliert.«

Beide schwiegen wir nach dieser Aussage und hingen unseren Gedanken nach, bis Ursula wieder zu sprechen begann: »Was dann passiert ist, des trauen Sie mir wahrscheinlich gar net zu: Ich hab den Kreuzacker vom Michelbauern, unserm Nachbarn, kaufen können, mein Sparbuch ist dick 'worden in der ganzen Zeit, und der Kreuzacker ist billig her'gangen. Des hat den Simmerl gwurmt, weil mir des Grundstück ghört, mir allein und net zum

Hof, weil ich auf den kein Recht net hab.« Ich hörte Ursulas Bericht mit Staunen über die Tatkraft dieser Frau, die im Alleingang Dinge auf die Beine stellte, die ihr niemand zugetraut hätte.

Aber Ursula war noch nicht zu Ende mit ihren Erzählungen. »Auf einmal wär dem Simmerl eingefallen, dass ich die Rechtmäßigkeit auf dem Hof kriegen soll. Da hab ich gsagt, die hab ich jetzt so lang nicht ghabt, und jetzt brauch ich sie auch nimmer, und wenn die Buben einmal groß sind, dann kommt mein Land und das vom Hof eh alles z'samm.« So hörte ich erstmals mit Staunen und Verwunderung von der Wandlung einer Frau, die nach oben wollte.

Der Simmerl kam in die Stube und unterbrach unser Gespräch. Sehr sorgsam strich er Ursula über das Haar, ein überzeugender Liebesbeweis, für den sich die rebellische Frau mit leuchtenden Augen bedankte. Ich spürte, wie sich die beiden trotz des unglücklichen Beginns ihrer Ehe jetzt sehr nahe waren.

# *Die zweite Mutter*

»Er hat schnell wieder eine auf'trieben, der Hardl. Obwohl seine Bäuerin erst a paar Monat' unter der Erde is. So gschwind geht des bei den Männern«, diskutierte man am Tage der Hochzeit von Leonhard Burgstaller und seiner Braut, der Barbara. Es war eine stille Hochzeit bei den beiden, weil man das noch nicht abgelaufene Trauerjahr nach dem Tod der ersten Bäuerin respektieren wollte. Ein wenig neidisch unkte man, vorrangig die weibliche Bevölkerung, dass die zweite Burgstallerin es nicht schaffen würde, dem Hof und den fünf heranwachsenden Kindern gerecht zu werden. Da war doch auch das Annerl, das die erste Bäuerin in die Ehe mit eingebracht hatte. Das Mädchen war immer mehr oder weniger das fünfte Rad am Wagen gewesen und hatte seit dem Tod seiner Mutter erst recht keinen guten Stand mehr in der Familie. »Jetzt will er des Dirndl gar nimmer testamentarisch bedenken, wo a neue Bäuerin da ist«, jammerte die Binder-Kathl. Doch das war missgünstiges Getuschel, viele von den Frauen mit den bösen Zungen hätten den Leonhard selbst gern zum Mann gehabt. Und sie hätten sich aufgearbeitet, um Hof und Kinder zu versorgen, so wie es die Barbara sicherlich auch machen würde.

Leonhard und Barbara kannten sich schon von Kindesbeinen an, die Höfe der Eltern lagen nah beieinander. Die beiden Kinder verbrachten in den ersten Jahren fast die ganze Zeit zusammen, und bereits als fünfjähriger Knirps erklärte der Leonhard, er werde die Barbara heiraten. So vergingen die Jahre, und für jeden war klar, dass die beiden zusammengehörten. Doch als Leonhard die Schule beendet hatte, wollte er etwas erleben, in die Welt ziehen und sehen, was es außerhalb des Dorfes noch gibt. Ich erlebte damals mit, wie die Tränen flossen, als sich der junge Mann von seiner Familie verabschiedete. Als er der Barbara Lebewohl sagte, konnte auch er seine Gefühle nicht mehr beherrschen.

Sie lagen sich weinend in den Armen und waren sich der Tatsache bewusst, dass dies ein Abschied für sehr lange sein würde. Auch wenn er sich seiner Barbara noch so sehr verbunden fühlte, Leonhard wollte und musste dem Drang nach Freiheit nachgeben und damit seiner alten Welt den Rücken kehren. So ging er in die Stadt und baute sich dort ein neues Leben auf. Er war glücklich dort und hatte das Gefühl, endlich frei atmen zu können, anders als in der Enge des Dorfes. Sicherlich hatte er sich vorgenommen, eines Tages zurückzukehren, schließlich sollte er einmal den Hof übernehmen, aber bis dahin war noch viel Zeit. Diese Zeit wollte er in der Stadt leben.

Barbara war in der dörflichen Heimat geblieben. Den Kummer um ihren Leonhard, der sie verlassen hatte, konnte sie nie vergessen. Während ihre Geschwister heirateten und für Nachwuchs auf dem Hofe sorgten, blieb Barbara einsam und zog sich immer mehr zurück.

Leonhard hingegen genoss das Leben und hatte Barbara samt Heimat fast vollständig vergessen. Eines Tages lernte er Christine kennen. Sie war eine schöne, tüchtige, kluge und erfahrene Frau. Schon in jungen Jahren hatte sie sowohl die Sonnenseiten als auch die Schattenseiten des Lebens kennen gelernt. Christine war früh Witwe geworden und hatte ein kleines Mäderl, das Annerl, das sie alleine großziehen musste.

Leonhard war beeindruckt von der Stärke der jungen Frau, und er war sich sicher, die Richtige gefunden zu haben. Mit ihr konnte er sich vorstellen, in die Heimat zurückzukehren und auf dem Hof ein gemeinsames Leben zu führen. Das kleine Annerl wollte er akzeptieren wie sein eigenes Kind. Was ihm zwar am Anfang gelang, doch als eigene Kinder auf die Welt kamen, sollte sich dies ändern.

Leonhard und Christine kehrten nach Jahren gemeinsam zurück an den Burgstallerhof. Die Hochzeitsfeier war groß und fröhlich, Christine und ihr Annerl wurden herzlichst in die Familie aufgenommen.

Genau neun Monate waren nach den Feierlichkeiten vergangen, als ich dem ersten gemeinsamen Kind der beiden auf die Welt half. Die Geburt war schnell und unkompliziert, nach nur zwei Stunden hatte der Burgstallerhof einen männlichen Nachkommen.

Was war das für eine Freude, als der kleine Leonhard den ersten Schrei tat! Noch dreimal sollte es im Hause Burgstaller Nachwuchs geben, und jedes Mal trug der stolze Vater seine Kinder auf Händen.

Doch je mehr Liebe er seinen eigenen Kindern gab, desto weniger blieb für das Annerl. Er mochte das Mäderl zwar gern, aber er ließ es spüren, dass es nicht sein eigen Fleisch und Blut war.

Mit Christine war ich sehr verbunden. Jedes Wochenbett, so schien es mir, nahm sie gerne an, und eine gelegentliche Aussprache mit mir war ihr, wie sie sagte, eine Notwendigkeit. Ich kannte ihre Sorgen und ihre Bedürfnisse. Sie sprach mit einer ganz besonders zärtlichen Sorge von ihrem Annerl, dem Mädchen mit den blonden Locken und den großen, ein wenig traurigen Augen. »Des Dirndl braucht mich mehr als alle anderen«, glaubte sie zu wissen. Es war, als hätte sie eine Ahnung von ihrem frühen Tod gehabt.

Ja, der Tod der jungen Bäuerin kam unvermittelt, und niemand war darauf vorbereitet. Nach der Geburt ihres fünften Kindes war die Christine sehr schwach gewesen. Nicht nur die jährlichen Geburten der Kinder, auch die viele Arbeit auf dem Hof hatten ihre Spuren hinterlassen. Der Körper wollte sich nicht mehr erholen; und als die Bäuerin im Winter eine Lungenentzündung bekam, war klar, dass der geschwächte Organismus keine Kraft mehr hatte, sich gegen die Krankheit zu wehren.

Es war traurig mit anzusehen, wie er am Grab seiner Frau stand, der Burgstallerbauer, um ihn die fünf Kinder, die nicht so recht fassen konnten, was mit ihrer Mutter geschehen war.

Dem Leonhard wurde bald klar, dass er sich nicht alleine um die Kinder kümmern konnte. Der Hof mit den Tieren, die Felder, all das nahm ihn sehr in

Anspruch, da blieb nicht viel Zeit. Es war Barbara, seine Jugendfreundin, die in dieser schweren Zeit für den Bauern da war. Sie hatte die Geschehnisse am Burgstallerhof mitverfolgt und war mit dem Leonhard immer in freundschaftlicher Verbindung geblieben. Sie kannte alle fünf Kinder und war wie eine Tante zu ihnen. Ob aus der tiefen Freundschaft der beiden Menschen, die sich schon von Kind an kannten, beiderseitig wieder Liebe wurde, weiß ich nicht. Leonhards Gefühle waren auf jeden Fall so stark, dass er bald nach dem Tod seiner Christine um die Hand von Barbara anhielt. Für die junge Frau ging damit ein Lebenstraum in Erfüllung, sie hatte ihre Jugendliebe wieder und wollte Leonhard und seinen Kindern eine gute Frau und Mutter sein. Ich möchte ungern das Wort Stiefmutter in die Geschichte einbringen, denn es hat selbst in der heutigen Zeit leider allzu oft noch einen faden Beigeschmack.

Barbara war eine herzensgute zweite Mutter, sie nahm sich der Kinder ihrer Vorgängerin in einer Weise an, als wären sie ihre eigenen. So eroberte sie die kleinen Herzen im Sturm.

Vor allem Annerl, die Zurückgesetzte, war ihr besonders zugetan. Von dem Unterschied, den Leonhard zwischen den eigenen Kindern und Anna machte, war schon zum Zeitpunkt der Hochzeit nichts mehr zu spüren. Das Mädchen war eingebunden in den Kreis ihrer Halbgeschwister, so als wenn es nie anders gewesen wäre. Es gab keine Unterschiede mehr, und auch wenn das Familienoberhaupt die Brauen gelegentlich hochzog, Barbara blieb bei ihrer gerechten Einstellung.

Nach dem Kummer um Christines Tod zogen wieder Freude, Zufriedenheit und Glück auf dem Hof ein, es war eine neue Familie entstanden.

Doch schon sehr bald nach der Hochzeit sollte sich das wieder ändern. Barbara war mit ihrem ersten Kind schwanger. Ich kann mich noch gut daran erinnern, als sie mir mit leuchtenden Augen die gute Nachricht mitteilte. Ich freute mich für sie, dass sie nun zu ihren angenommenen Kindern ein eigenes bekommen würde. Nur wusste ich, dass es kommen würde, wie es kommen musste: Im Dorf begann sich besonders der weibliche Teil der Bevölkerung sehr schnell darüber Gedanken zu machen, wie viel Zeit eigentlich zwischen Christines Tod und dem Beginn der Schwangerschaft lag. Bald sah man einen Grund, sich wieder kräftig die Mäuler zu wetzen. Manche begannen sogar ziemlich verrückte Spekulationen anzustellen, ob nicht die Barbara nur auf die Schnelle einen Vater für ihr Kind gebraucht habe. Ganz abgesehen davon, dass man sowieso der Meinung war, die Eheleute seien schon zu alt für ein Kind.

Auf jeden Fall ließ das Gerede diesmal auch den Burgstallerbauern nicht gleichgültig. Er ging griesgrämig und schlecht gelaunt durch die Welt. Mich erstaunte nur, wie gelassen Barbara die Sache nahm. Trotz aller Widrigkeiten bekannte sie mir: »Wissen S', Frau Hebamm, von jeher war es mein größter Wunsch, dass ich einmal mit dem Leonhard ein gemeinsames Kind hab. Ich mag alle seine Kinder so gern, als wenn s' meine eigenen wären. Aber eines, das mich und den Hardl verbindet, das is mein ganz großes Glück.«

Sie verstand es großartig, ihre Kinder in sehr anschaulicher Weise vorzubereiten, sodass sie das neue Geschwisterchen mit freudiger Ungeduld erwarteten. Und auch den Burgstallerbauern konnte sie mit ihrer liebevollen, sanftmütigen Art dahin bringen, dass sich seine Laune wieder besserte. Zu guter Letzt betrachtete er das Bäuchlein, das unter dem Herzen der Bäuerin immer größer und runder wurde, nicht mehr mit gemischten Gefühlen, sondern mit Freude und Stolz.

Es war ein sonniger Herbsttag, als ich auf den Hof der beiden gerufen wurde. Die Wehen hatten eingesetzt, früher als errechnet. Aber der neue Erdenbürger, der Einzug auf dem Burgstallerhof halten wollte, war trotzdem gesund und munter: Am späten Nachmittag, als die Sonne schon hinter den Bergen verschwand, wurde die kleine Renate geboren.

Mit ihren strahlend blauen Augen, dem goldgelben Haar und einem kräftigen Schrei eroberte sie sich die Herzen ihrer Brüder, Schwester und Eltern sofort. Ich werde die strahlenden Augen ihrer Geschwister nie vergessen, die reihum am Bett des Neugeborenen standen. Sogar Vater Leonhard hatte ein glückliches Lachen im Gesicht beim Anblick des neugeborenen Kindes und seiner hocherfreuten Geschwister.

Eine kleine Missstimmung gab es nur noch einmal auf dem Hof, und zwar, als es um die Taufe der kleinen Renate ging. Vater Leonhard wollte sie in aller Stille vornehmen lassen, unauffällig, der Leute wegen und um ihren dümmlichen Bemerkungen zu entgehen, die sie nach dem recht zeitigen Geburtstermin wieder machen würden. Doch das kam der Mutter Barbara gerade recht, denn sie protestierte ganz energisch: »Unser Kind ist kein lediger Bankert, den man verstecken muss. Renate wird so getauft, wie es auch bei deinen anderen Kindern der Brauch war.« Sie wollte eine schöne Taufe, mit der ganzen Familie, mit dem Pfarrer in der Dorfkirche und einem kleinen Tauffest in der örtlichen Dorfwirtschaft. So stolz war sie auf ihre Familie, die ihr ganzes Glück war! Sollten die Leute doch reden, was sie wollten! Schließlich kam Vater Leonhards Widerspruch zum Erliegen. Er musste sich notgedrungen Barbaras Anordnung fügen.

Die Taufe der kleinen Renate wurde ein wunderschönes Fest, sie wurde sogar noch ein wenig größer gefeiert, als es sonst üblich war. Vielleicht wollte Barbara damit allen neidischen Zeitgenossen zeigen, wie stolz und glücklich sie mit ihrer Familie war.

Im Dorf hat man danach, soweit ich weiß, nie wieder ein schlechtes Wort mehr über die Burgstaller verloren. Im Gegenteil fand die Leistung von Barbara, die eine großartige Frau und Mutter wurde, nach und nach immer mehr Anerkennung. Sie wuchs als Bäuerin in ihre Verpflichtungen hinein und sprach in ihrer Liebe und ihrem Gerechtigkeitssinn nur von »meinen« Kindern, ohne zwischen ihrem leiblichen und den fünf »angeheirateten« zu unterscheiden. Eine zweite Mutter, die volles Lob verdient!

## *Eine starke Frau*

Inmitten seiner Wiesen und Felder lag er auf seiner Anhöhe, der mächtige Vierfirsthof von Birkeneck, als einer der schönsten und größten seiner Umgebung. Den Zugang kennzeichneten eine Gruppe mächtiger Birken und ein großes Feldkreuz, das, immer mit Blumen geschmückt, die religiöse Gesinnung seiner Bewohner dokumentierte. Von hier aus hat man einen fantastischen Blick weit über das Land, auf Dörfer und Kirchen und auf die nahen Berge des bayerischen Oberlandes. So war es für mich immer eine Freude, dorthin gerufen zu werden, denn wenn die Zeit es erlaubte, verband ich Pflicht mit Vergnügen. Direkt am Feldkreuz gönnte ich mir eine kurze Rast und genoss die Schönheiten der Natur. Ich erinnere mich noch gut, wie ich als noch ganz junge Hebamme zum ersten Mal dortin kam.

Näherte man sich dem Hof, begrüßte einen zuerst Lumpi, der Schäferhund, der mit seinem Gebell eigentlich fremde Eindringlinge vertreiben sollte. Doch streichelte man seine Schnauze und kraulte etwas seinen Bauch, gewährte er jedem freundlich freien Zutritt.

Öffnete man die große, alte hölzerne Eingangstür, die laut knarrte, stand man in einem geräumigen Flur. An den Wänden hingen Bilder der verstorbenen Vorfahren; es war beeindruckend, zu sehen, welche Familientradition mit diesem Hof verbunden war.

Die Stube war ein freundlicher Ort mit großem Kachelofen, einer riesigen Eckbank mit Tisch, einem wunderbar geschnitzten Bauernschrank und einem gemütlichen Lehnstuhl; dort erwartete mich der Bauer, um mich dann zur Bäuerin zu führen, die meine Hilfe in Anspruch nehmen wollte.

Nach einer unproblematischen Geburt tat die kleine Kunigunde ihren ersten Schrei. Wenn es nach dem Willen der Eltern gegangen wäre, hätten eigentlich noch mehr Kinder das Leben auf dem Hof bereichern sollen, doch die Natur wollte es anders, Kunigunde blieb das einzige Kind. Das Mädchen hatte eine glückliche Kindheit, nicht nur die materielle Sicherheit ließ das Kind sorgenfrei leben, auch die Liebe der Eltern trug dazu bei, dass auf Birkeneck ein nettes, lustiges, hilfsbereites und liebes Mädchen heranwuchs. Es gab nie ein böses Wort zwischen Eltern und Tochter, die Eltern liebten ihr Kind, und Kunigunde liebte ihre Eltern.

Als das Mädchen ins heiratsfähige Alter kam, gab es zum ersten Mal Auseinandersetzungen in dem sonst so friedlichen Heim. Kunigunde hatte sich ausgerechnet in einen Mann verliebt, der nach Ansicht der Eltern so gar nicht zu ihr passte. Ihr Auserwählter hieß Max Griesinger und stammte aus einfachen Verhältnissen. Damit war er, so fand jedenfalls der Bauer von Birkeneck, der Tochter des Hauses nicht ebenbürtig. Diese Beziehung fiel aus dem Rahmen. Nach altem Herkommen wurden

Partner ausgesucht, die auf gleicher wirtschaftlicher Ebene standen.

Max hatte andere Werte, die ihm Geltung verschaffen konnten. Er besaß Schwung und Elan, und als flotter Tänzer machte er eine gute Figur. Damit beeindruckte er zwar Kunigunde, doch deren Eltern sahen das Ganze mit anderen Augen. Sie ahnten, dass hinter Max ein leichtlebiger Mensch steckte, der für ein Dasein als Bauer weder die Wesensart noch das Können mitbrachte. Max war in ihren Augen ein Blender, dem Kunigunde verfiel. Sie sollten Recht behalten, doch das stellte sich erst viele Jahre später heraus.

Zunächst setzte Kunigunde ihren Willen durch. Sie bestand darauf, dass sie Max heiraten durfte, und machte ihn damit zum Bauern von Birkeneck. Ich kann mich noch gut an die Hochzeit der beiden erinnern. Sie war groß und aufwändig und sorgte für allerlei Gesprächsstoff im Dorf. Keiner wollte sich die Sensation entgehen lassen, dass das gute Mädchen Kunigunde solch einen »Hallodri« zum Mann nahm. Das Getuschel, als Kunigunde und Max zur Kirche schritten, war nicht zu überhören, und die Prognosen, die man für die gemeinsame Zukunft der beiden stellte, waren äußerst schlecht.

Doch zunächst schien die Ehe der beiden recht glücklich zu sein. Max war auf den Hof gezogen und übernahm seine Pflichten als künftiger Bauer, seine Frau Kunigunde stand ihm tatkräftig zur Seite. Nach getaner Arbeit fuhren sie in die Stadt, zum Tanzen oder um Freunde zu treffen. Die beiden genossen ihr junges, ungebundenes Leben.

Hatten sie zu lange und zu viel gefeiert, konnten sie sich auf Kunigundes Eltern verlassen. Diese sprangen bei der Hofarbeit ein, wenn Max vor Müdigkeit nicht aufstehen konnte oder Kunigunde zu erschöpft von der durchtanzten Nacht war. So vergingen einige Jahre auf Birkeneck, und entgegen aller Unkenrufe schien die Ehe von Kunigunde und Max zu funktionieren.

Doch es sollte sich im Laufe der Jahre herausstellen, dass dies nur aufgrund der Mithilfe des alten Bauern und der Bäuerin möglich war. Der alte Bauer von Birkeneck wurde gebrechlich und müde, er konnte seinem Schwiegersohn bei der Arbeit nicht mehr zur Hand gehen. Er verlebte noch einige ruhige Jahre an der Seite der alten Bäuerin, bevor zuerst er und nur wenige Wochen später auch sie vom Herrn abberufen wurde. Die freudige Nachricht, dass Kunigunde ihr erstes Kind erwartete, durften beide noch miterleben, die Geburt dann aber leider nicht mehr.

Die kleine Johanna kam ohne Komplikationen an einem sonnigen Herbsttag zur Welt. Sie wurde liebevoll in Empfang genommen, und vor allem Max, der stolze Vater, konnte sich an seiner kleinen Tochter kaum satt sehen. An diese glückliche Zeit im Hause von Max und Kunigunde erinnere ich mich noch sehr gerne, denn bald sollten dort andere Zeiten anbrechen. Insgesamt drei Kinder kamen auf dem Hof zur Welt, deren Geburten die junge, aber schon sehr strapazierte Frau viel Kraft kosteten.

Denn während Kunigunde durch die Schwangerschaften und die Kinder nicht länger dieses aushäusige und vergnügliche Leben führen konnte wie früher, zog Max weiterhin fast jeden Abend durch die Wirtschaften im Dorf und in der Stadt. Er amüsierte sich, wo und wie es nur ging. Die Arbeit auf dem Hof blieb liegen, und Kunigunde musste nicht nur den Nachwuchs versorgen, sondern auch im Stall und auf dem Feld die Hauptarbeit leisten.

Als sie zum vierten Mal schwanger wurde, rebellierte ihr Körper gegen die Strapazen. Sie schaffte es nicht mehr, ihr Kind bis zur vollständigen Reife auszutragen. Es kam viel zu früh zur Welt und starb bald nach seiner Geburt. Dieses fürchterliche Erlebnis sollte viele Jahre schwer auf Kunigunde lasten. Da waren einerseits die drei Kinder, die ihre Pflege brauchten, doch die Trauer um ihr letztes Kind war allgegenwärtig.

Bei jedem meiner Besuche auf Birkeneck sah ich Kunigunde schwer schuftend und schwitzend im Stall, im Haus und auf dem Feld. Sie hatte ihre Kinder stets im Schlepptau und deponierte sie an heißen Tagen unter einem großen Schirm, um sie vor der Sonne zu schützen, während sie ihrer Arbeit nachging.

Max Griesinger aber nahm sich als Bauer das Recht, seine eigenen Wege zu gehen. Er war sowohl als guter Gesellschafter als auch auf dem Tanzboden gefragt. Seine Bäuerin, von schwerer Arbeit gezeichnet, war aber keine passende Begleiterin mehr für ihren lebensfrohen Mann.

So vergingen Jahre. Die Kinder wurden größer, und Kunigunde wurde durch deren Mithilfe im bäuerlichen Betrieb ein wenig entlastet. Max ging nach wie vor seiner Wege, die undurchsichtig, nicht kontrollierbar waren. Seine Frau hatte es schon längst aufgegeben, zu hinterfragen, was er in der Zeit anstellte, die er nicht zu Hause war. Anfangs wollte sie noch wissen, wo er sich herumgetrieben hatte, doch die fadenscheinigen Erklärungen, die er ihr gab, sorgten meist für einen handfesten Streit. Später gab er ihr oft nur noch barsch zur Antwort: »Wo ich war, des geht dich gar nix an.« Also hatte es Kunigunde bald aufgegeben nachzufragen, wo, wie und mit wem ihr Mann seine Zeit verbrachte. Weit mehr litt sie darunter, dass sie und ihre Kinder zum Gespött des Dorfes wurden. Die Kinder mussten es von den Mitschülern erfahren, wenn ihr Vater betrunken aus dem Wirtshaus gekommen war oder turtelnd mit einer fremden Frau gesehen wurde.

Für Kunigunde wurde jeder Einkauf im Dorf zum Spießrutenlaufen, sie konnte förmlich spüren, wie die Leute hinter ihrem Rücken die Köpfe zusammensteckten und über sie herzogen. Man hatte kein Verständnis oder Mitleid mit Kunigunde, schließlich hatte sie als junges Ding doch ihren Kopf durchgesetzt und den Max geheiratet, obwohl jeder vor dieser Heirat gewarnt hatte. Jetzt sollte sie selbst sehen, wie sie mit der Sache zurechtkäme.

Natürlich hatte sich Kunigunde darüber Gedanken gemacht, wie es in ihrem Leben weitergehen sollte, doch sie fand keine Lösung. All die Gespräche mit ihrem Mann, das Bitten und Flehen, er möge seinen Lebenswandel ändern, stießen bei ihm auf taube Ohren. Eine Trennung von Max kam für Kunigunde auch nicht in Betracht, denn sie liebte den Mann, dem sie einst vor Gott das Jawort gegeben hatte, immer noch.

Doch eines Tages schlug das Schicksal zu, und das Leben auf Birkeneck sollte sich völlig verändern. Max Griesinger war wie so oft unterwegs auf einem seiner Wege, die nur er kannte. Er hatte sich einen neuen Mercedes gekauft und wollte diesen so richtig zur Schau stellen. Bei einer Tour durch die Berge geschah die Tragödie. Max verlor die Herrschaft über sein Fahrzeug, das von der Straße abkam und sich mehrmals überschlug. Die Retter, die bald nach dem Unfall zur Stelle waren, konnten ihn zwar wiederbeleben und ins Krankenhaus bringen. Doch nach einigen Tagen im Koma starb er, ohne das Bewusstsein wiedererlangt oder noch einmal mit Kunigunde gesprochen zu haben.

Mit ihm starb eine junge Frau, die ebenfalls im Unglückswagen gesessen hatte und ihn bei der Spritztour begleitete.

Kunigunde war wie von Sinnen. Ihr Max war nicht mehr! Er, den sie immer schützte, sich vor ihn stellte – trotz seiner Unzulänglichkeiten und des begründeten Verdachts, dass er sie betrogen hatte. Die Frau brach völlig zusammen. Die Jahre der harten Arbeit, die emotionale Abhängigkeit von ihrem Mann und nun dessen plötzlicher Tod – das alles war zu viel für sie. Sie musste für einige Zeit in ein Sanatorium, um wieder zu Kräften zu kommen.

Mit neuem Elan kam sie nach etlichen Wochen auf den Hof zurück, wo sie von ihren Kindern schon sehnsüchtig erwartet wurde. Es schien, als habe sie ihr Leben wieder fest im Griff. Doch dann hatte sie noch einmal einen bitteren Schlag hinzunehmen.

Sie musste nun die finanziellen Angelegenheiten in die Hand nehmen und selbst regeln, worum sich sonst Max gekümmert hatte. Je mehr sie sich mit den Rechnungen beschäftigte, sie ordnete und überprüfte, desto klarer wurde ihr eines: Statt Lohn für viele Jahre harter Arbeit standen Schulden in immenser Höhe auf dem Papier, Birkeneck stand vor dem Ruin. Sie sah wie erstarrt auf die vor ihr liegenden Zahlen, die sie in ein tiefes Loch stürzten. Max, ihr Ehemann, dem sie blind vertraut hatte, hatte durch Ausgaben, von denen sie oft nicht einmal erfuhr, den Hof an den Rand des Bankrotts gebracht: Ausgaben für neue Autos und vergnügliche Abende, zweifellos auch für amouröse Abenteuer. Zur Rechenschaft konnte sie ihn nicht mehr ziehen, was vielleicht gut war, denn ob ihre Ehe diesen Vertrauensbruch überstanden hätte, kann ich nicht mit Bestimmtheit sagen.

Unter all diesen Schicksalsschlägen wäre manch andere Frau zerbrochen – doch Kunigunde streckte sich, packte noch einmal an, und es gelang ihr, gemeinsam mit ihren Kindern, das Unmögliche zu schaffen. In den finanziellen Angelegenheiten des Hofes bewies sie dabei erstaunliches Geschick. Innerhalb kurzer Zeit hatte sie ihre Schulden getilgt und arbeitete daran, für sich und ihre Kinder eine gesicherte Existenz aufzubauen. Nach langer Jahre Arbeit konnte sie sich über ihren Erfolg freuen, der alte Vierfirsthof zählte wieder zu einem der größten und schönsten der Gegend, und wenn Kunigunde heute durch das Dorf geht, tut sie dies stets mit stolzem, hoch erhobenem Haupt.

Ihrer glücklichen Hand ist es gelungen, dass Birkeneck weiter besteht. Zu mir sagte sie einmal: »Die Lieb zum Hof hat mir die Kraft dazu 'geben. Man darf bloß net aufgeben.«

## *Eine verschwendete Liebe*

Helene, Karl und ihre zwei Kinder müssen einmal eine glückliche Familie gewesen sein. Alois und Lukas wuchsen nach dem, was ich später erfuhr, in dem kleinen Städtchen wohlbehütet auf und verlebten ihre frühe Kindheit in einer wahren Idylle. Es war in dem Jahr, als Alois in die Schule kam, als ein Brief die schönen Jahre mit einem Schlag beendete. Per Post kam der Einberufungsbefehl für Karl, er musste in den Krieg.

Helene zog sich damals immer mehr in ihre Einsamkeit zurück, und glücklich war sie nur an den wenigen Tagen, wenn Karl Heimaturlaub hatte und zu ihr und den Kindern zurückkam.

Es war die zweite Kriegsweihnacht, als die kleine Familie zum letzten Mal glücklich vereint war. Schon das nächste Jahr hielt für sie unendliches Leid bereit. Es war abermals ein Brief von der Militärbehörde, der alles zerstören sollte, was diesen Menschen bisher Halt und Stütze gegeben hatte. Helene erhielt die Todesnachricht ihres Mannes zugestellt.

Helene sah in diesen Tagen, das hat sie mir später erzählt, keinen Sinn mehr in ihrem Leben. Doch damit sollte ihr Leidensweg noch nicht zu Ende sein. Denn in den letzten Monaten des Krieges wurde ihr Haus von einer Bombe zerstört. Sie und ihre Kinder überlebten in einem nahe gelegenen Bunker. Dort, wo sich heute die Stadt Waldkraiburg ausdehnt und damals nur eine Barackensiedlung stand, fand sie in einer so genannten Behelfswohnung eine provisorische Bleibe.

In den Jahren, in denen ich als Hebamme in Kraiburg anfing, musste ich auch oft diese primitiven Behausungen auf der anderen Seite des Inns aufsuchen und lernte schon bei einem meiner ersten Besuche Helene kennen, mit der ich zufällig ins Gespräch kam. Damals gab es schon wieder einen Mann in ihrem Leben. Er hieß Josef und war nach den Wirren des Krieges und der dadurch ausgelöster Völkerwanderung in unsere zerbombte Heimat gekommen, wo er nach mehreren Jahren bei Helene ein neues Zuhause gefunden hatte. Helene hatte ihn mit offenen Armen aufgenommen, da sie nun wieder an eine Zukunft mit einem Partner an ihrer Seite glaubte. Sie blickte damals optimistisch in die Zukunft, hatte gerade begonnen, für sich und ihre neue Familie ein gemütliches Heim zu schaffen.

Ich hatte meine neue Bekanntschaft schon fast wieder vergessen, als ziemlich genau neun Monate später Josef zu mir kam und mich bat, seiner schwangeren Frau zu helfen. Er sagte tatsächlich »Frau«, obwohl ich bald darauf feststellen musste, dass die beiden unverheiratet zusammenlebten. Die Behelfswohnung hatten sie inzwischen mit einem besseren Zuhause vertauscht, und nun wurde aus ihrer Verbindung das erste Kind erwartet. Nach den zwei Buben aus erster Ehe, kam die kleine Katinka. Vom Vater war das Kind als Mädchen nicht sehr erwünscht, aber notgedrungen, da es schon da war, akzeptierte er es. Dieser Mann gefiel mir nicht so recht, seine flatternden Augen, die meinem Blick nicht standhielten, und die gewisse Unruhe, die ihm eigen war, sprachen für sich.

Helene drängte in den Tagen des Wochenbettes vehement auf eine baldige Eheschließung. Doch Josef schien von dieser Idee nicht sehr angetan. Warum sollte er seinen Zustand, in dem ihm von Helene alle Rechte eingeräumt wurden, verändern? Es ging ihm gut, so wie es war. Er genoss seine Freiheit, und Verpflichtungen – die waren ihm unbekannt. Es sollte sich im Übrigen sehr bald herausstellen, dass es noch andere Gründe für sein Verhalten gab. Helene jedenfalls war zunächst von der Idee besessen, mit ihrem Partner jetzt auch gesetzlich verbunden zu sein.

Eines Tages – es war einer meiner letzten Besuche nach der Geburt – kamen unangenehme Dinge ans Tageslicht. Die Nachbarin, die Geschenke für Mutter und Kind gebracht hatte, wusste Seltsames zu erzählen. Es war wieder von Heirat die Rede, ein Thema, das Helene nicht mehr losließ, insbesondere, seitdem die kleine Katinka auf der Welt war. Da sie dieses Thema nicht nur in ihrem Herzen, sondern auch auf der Zunge trug, brachte der nachbarschaftliche Besuch von Hilde Stettgar neue Erkenntnisse. »Heirat?«, staunte die. »Wissen Sie nicht, dass Josef verheiratet ist und Frau und drei Kinder in seiner Heimat hat?«

Helene wurde leichenblass bei dieser Eröffnung. »Das kann nicht wahr sein, niemals«, schrie sie auf.

Mit dieser Reaktion hatte Frau Stettgar nicht gerechnet und verließ übereilt die Wohnung.

Weinend nahm Helene die frisch geborene Katinka in den Arm und hielt mit ihr Zwiesprache. »Wir beide, du und ich, wir sind betrogen worden von deinem Vater, und du bist ein Produkt von einem ehrlosen Mann.« Es war ein Ausdruck von seelischer Not, was sich hier vor meinen Augen abspielte. Ich war schockiert von dem Leid dieser Frau und angewidert von Josefs Verhalten. Die Wunde, die ihr dieser Mann geschlagen hatte, saß tief in Helenes Herzen. Tief gekränkt wies sie ihn aus der Wohnung. Er zog mit seinen Habseligkeiten widerspruchslos ab – verdächtig ruhig, wie mir erschien. Ein trauriges Kapitel in Helenes Leben war damit abgeschlossen.

Dass Josef die Verfügungsgewalt über ihre Konten ausnützen würde, um sie abzuräumen, hätte sie vielleicht vorhersehen können. Sie nahm dieses neuerliche Unglück ziemlich gleichgültig hin.

Als am Tag darauf ein Brief vom Amtsgericht, an Helene Möhrwald adressiert, zugestellt wurde, war sie weder interessiert noch beunruhigt. Sie war stumpf gegen alle Geschehnisse geworden, verfiel in Lethargie. Tagelang ließ sie den Brief ungeöffnet, das Leben war ihr egal geworden. Und offizielle Schreiben hatten ihr bisher nur Unglück gebracht, also wozu so etwas öffnen?

In dieser Situation konnte Helene natürlich nicht ahnen, dass der Brief eine positive Botschaft enthielt.

Es war gut eine Woche vergangen, als Helene

wieder zufällig auf das ungeöffnete Kuvert stieß. Mit einem tiefen Seufzer nahm sie sich ein Herz und öffnete es. Sie las den Brief, schaute etwas verdutzt, las ihn noch einmal und noch einmal. Es schien, als verstünde sie den Inhalt nicht. So verging einige Zeit, bevor sich ihre Miene erhellte und sie laut juchzte. Endlich hatte auch sie wieder Glück in ihrem Leben! Helene wurde Besitzerin eines recht ansehnlichen Hauses in Klingenbrunn. Eine weitschichtige Verwandte war gestorben und hatte ihr das ganze Hab und Gut vererbt. Das war eine freudige Mitteilung für diese unglückliche Frau, die nun wieder Hoffnung schöpfte! Die Binder-Kathl würde mit ihrem sechsten Sinn und ihrer reichen Lebenserfahrung zu Helene sagen: »Allerweil hängt 's Glück Gott sei Dank net bloß auf eine Seitn« – ein tröstliches Wort.

Die weiteren Ereignisse um Helene, ihr weiteres Leben, erfuhr ich später bei einer unserer Begegnungen.

Dass Josef von Helenes glücklicher Lebenswende erfuhr und daran teilnehmen wollte, war abzusehen. »Die Scheidung läuft, ich will dich heiraten«, mit diesen Worten glaubte er sich wieder Zugang zu Helene und ihrem neuen Heim schaffen zu können. Der Ehevertrag war auch schon geschrieben, sodass mit der Heirat das Haus zu gleichen Teilen ihm und seinen Kindern gehören sollte. Er und seine Kinder wären somit gut abgesichert, und Helene würde ihn mit Sicherheit wieder in ihre Arme schließen. Das glaubte er jedenfalls. Doch Helene hatte das Geschehene nicht vergessen. »Es ist zu spät, viel zu spät«, antwortete sie ruhig, »und deine Verträge, du siehst, was sie wert sind!« Dabei zerriss sie das von einem Anwalt geschriebene Dokument in viele kleine Stücke. »Und nun verlasse mein Haus, ich will dich nie mehr sehen!«, war ihre letzte Aufforderung.

Josef hatte sich verrechnet, er hatte geglaubt, mit Sprüchen und Versprechungen erneut das Herz der guten Helene zu erreichen. Doch all die Erfahrungen und Schicksalsschläge hatten Helene klüger und auch härter werden lassen. Josef verschwand nicht nur aus Helenes Leben, sondern auch aus der Stadt. Ich habe ihn nie mehr gesehen. Von der ehemaligen Nachbarin, Frau Stettgar, habe ich später erfahren, dass er zu seiner Frau und den Kindern zurückgekehrt war und noch heute mit ihnen zusammenlebt.

Helene schuf für sich und ihre drei Kinder ein schönes Zuhause. Durch die Erbschaft hatte sie keine finanziellen Sorgen mehr und konnte sich voll und ganz der Familie widmen. Die zwei Buben, Alois und Lukas, hatten ihre Schulausbildung mit guten Noten beendet. Alois bekam eine Lehrstelle als Schreiner, und Lukas zog es an die Universität, wo er zum Grundschullehrer ausgebildet wurde. Auch aus der kleinen Katinka war eine junge Frau geworden, die von ihren großen Brüdern und ihrer Mutter sehr geliebt wurde. Sie machte eine Ausbildung zur Friseuse und hatte später viel Freude an ihrem Beruf. Helene war zufrieden mit ihrem Leben, und als die Kinder aus dem Haus waren, wagte auch sie noch einmal einen Neuanfang.

Sie lernte Paul kennen, einen rechtschaffenen, ehrbaren Handwerksmeister. Paul war ein guter Mann, dem das Schicksal ebenfalls hart mitgespielt hatte. Bei einem Bombenangriff hatte er seine schwangere Frau und drei Kinder verloren. Ihm waren nur noch Erinnerungen geblieben und unsagbare Trauer. Als er Helene kennen lernte, war er ein gebrochener Mann, doch sie schaffte es, ihm wieder Lebensmut zu geben und eine gemeinsame Perspektive. Aus ihrer Bekanntschaft wurde bald Freundschaft, aus der Freundschaft wuchs ein kleines Pflänzchen, das Liebe heißt. Sie schafften es, dieses Pflänzchen zu hegen und zu pflegen, und die Liebe wuchs von Tag zu Tag. Helene konnte Paul die Geborgenheit einer Familie geben, Paul gab ihr Schutz und Sicherheit. Nach einigen Jahren legalisierten die beiden ihr Zusammenleben und heirateten. Es war zwar eine kleine, dafür aber umso glücklichere Zeremonie. Die inzwischen erwachsenen Kinder von Helene umarmten den neuen Mann ihrer Mutter und freuten sich, dass wieder eine Familie entstanden war.

## *Generationenschicksal*

Vier Mal war ich schon auf dem Aignerhof gewesen und hatte dort Kindern auf die Welt geholfen. Jedes Mal waren es kerngesunde und bildhübsche Mädchen, die ich den Eltern in die Arme legen konnte. Bei den ersten beiden Kindern lachten beide voller Glück über den gesunden Nachwuchs und die Tatsache, dass es Mädchen waren. Bei der dritten Geburt glaubte ich etwas Enttäuschung zu spüren, dass es wieder »nur« ein Mädchen war, obwohl der Bauer wie die Bäuerin versuchten, sich nichts anmerken zu lassen. Als das vierte Kind wieder ein Mäderl war, konnten sich beide nicht mehr zurückhalten. Die Bäuerin brach in Tränen aus, und der Bauer verließ enttäuscht die Kammer. So sehr hatten sich beide einen Buben ersehnt, waren es doch seit mehr als hundert Jahren immer Mädchen gewesen, die den Hof übernehmen mussten. Die Natur schien mit ihren unergründlichen Gesetzen die männliche Erbfolge hier nicht zulassen zu wollen – zum Leidwesen der Hofbesitzer.

Schließlich sollte ich zum fünften Mal einem Kind auf dem Hof ins Leben helfen. Ich hoffte, dass es ein gesundes Kind sein möge, denn das war für mich das Wichtigste. Doch insgeheim wanderten meine Gedanken zu den werdenden Eltern. Ich wusste, wie sehr sie sich einen Jungen wünschten.

Was würde passieren, wenn das fünfte Mädchen zur Welt kam?

Als ich zur Bäuerin in die Kammer kam, lag diese, wie es mir schien, sehr gottergeben im Bett und wartete von Wehe zu Wehe auf das Kind. Nicht nur die Anspannung der Geburt war ihr ins Gesicht geschrieben, ich konnte förmlich sehen, wie die Frage im Raum stand: Wird's ein Bub oder wieder ein Mäderl? Der Bauer kauerte etwas abseits auf einem Lehnstuhl und beobachtete die Geburt. Auch wenn er sich sonst sehr um seine Frau sorgte und sie aufrichtig liebte, so spürte ich, dass jetzt sein Interesse einzig und allein dem Geschlecht des Neugeborenen galt.

Die Geburt zog sich über mehrere Stunden hin, und als weit nach Mitternacht das Kind endlich den ersten Schrei tat, war der Bauer schon längst auf seinem Stuhl eingeschlafen. Doch das kräftige »Hallo, hier bin ich« des neuen Erdenbürgers ließ ihn aus seinem Stuhl hochschrecken. Als er das Baby sah, wurde sein Gesicht weich, und er lächelte. Wie schön, dachte ich mir, er fragt nicht gleich, ob's ein Bub ist, sondern er freut sich über die Geburt des Kindes.

Der Bauer ging behutsam zu seiner Frau und streichelte ihr zärtlich über die Wange und dann über die Backen des Babys. Als er in die strahlenden Augen der frisch gebackenen Mutter blickte, wusste er, dass das Kind nicht nur gesund war, sondern zu aller Freude auch ein Bub. Nach vier Mädchen war auf dem Aignerhof der Erbe zur Welt gekommen, der lang ersehnte Stammhalter – eine verständliche Aufregung in dieser bäuerlichen Familie! Die Großtanten, zwei pummelige, von der Natur vernachlässigte alte Frauen, kamen, um das große Generationsereignis zu bestaunen. Die Geburt des kleinen Josef war zu so etwas wie einem Meilenstein in der Geschichte des Aignerhofes geworden.

Die Geschenke für Mutter und Kind waren nicht überschaubar und die Taufe eine Feier, bei der selbst weitschichtige Verwandte erschienen. Das Kind, die Ursache dieser außergewöhnlichen Freude, war gesund und kräftig, ein Prachtexemplar. Es blieb nichts zu wünschen übrig, man war in Hochstimmung. Gelegentlich wurde ich auch noch später gebeten, nach ihm zu sehen – für alle Fälle und auch so. Man kann nie wissen!

»Ob die Freud net gar zu groß is«, hörte ich die Binder-Kathl fragen. »Den Aignerhof regieren bloß Weiber. Des is dem Hof und seine' Leut aufgesetzt. Seit 120 Jahren war da kein Mann mehr drauf. Seitdem der Josef, der damalige Bauer, so bald gstorbn is, und kein Mensch hat gwusst, warum. Und an was? Weil krank war er auch net.«

Mit dem kleinen Josef sollte nun die Erbfolge der Frauen unterbrochen werden. Der Kleine gedieh prächtig, bis er sich an einem Tag mit einer Erkältung, wie die Mutter meinte, auseinander setzen musste. Die erprobten Hausmittel, die man in solchen Fällen einsetzte, brachten keinen Erfolg, also war sie mit dem kranken Kind zu mir gekommen, um meinen Rat zu hören. Doch die Symptome der Krankheit gingen weit über die Kinderkrankheiten hinaus, die ich in meiner Berufslaufbahn miterlebt hatte. Hier musste ärztlicher Rat eingeholt werden. Ich schickte die Bäuerin mit ihrem Kind in das nahe gelegene Krankenhaus. Ärzte wurden konsultiert mit mehr oder weniger Erfolg, und schließlich wurde ein unbekanntes Virus ausgemacht. Kopfschmerzen, Fieber und Abgeschlagenheit waren die Begleiterscheinungen. Der einst so gesund erscheinende Bub war nach einigen Wochen kaum noch zu erkennen. Dunkle Ringe um die Augen veränderten sein so fröhliches Gesicht, das so klein und schmal geworden war. Josef, der Hoferbe, bekam von den Ärzten wenig Lebenschancen attestiert. Sein Leben hing an einem seidenen Faden, und Mutter Antonia machte sich auf nach Tuntenhausen, dem Wallfahrtsort, der in aussichtslosen Anliegen Hilfe versprach. Wollte es das Schicksal oder hatte das innige Beten der Mutter geholfen, dass Josef trotz schlechter Prognosen am Leben blieb? Mit viel Willenskraft schaffte er es durch die kritische Phase und überlebte. Doch die Krankheit hatte ihn geprägt. Sein Leben hatte eine andere Wende genommen. Den vorgezeichneten Weg, den heimatlichen Besitz zu übernehmen und weiterzuführen, würde er nicht zu Ende gehen können. Das rätselhafte Virus hatte seine Beine und Hände befallen, sie gehorchten ihm nicht mehr. Zwar konnte er laufen und greifen, doch wirklich arbeiten konnte er nicht. Josef, der die Nachfolge seines Vaters hätte antreten sollen, resignierte. Mit sehr viel Weh in seinem Herzen fand er sich mit seinem Geschick als Behinderter ab, und seine Stelle als Bauer auf dem Aignerhof nahm seine ältere Schwester Theresa ein.

Sie war nun weibliche Hoferbin, und wie seit 120 Jahren bestimmte wieder eine Frau die Geschicke des Anwesens.

Josefs Leben normalisierte sich im Laufe der Zeit, er wurde eingeschult und schaffte den Abschluss mit guten Noten. Die Krankheit hatte, Gott sei Dank, »nur« die Gliedmaßen angegriffen, der Verstand des Buben war normal geblieben. Er war allerdings nicht mehr das lebensfrohe, immer lachende Kind, das so ausgelassen herumgetollt war. Er war still und ernst geworden und nahm lieber ein Buch zur Hand, als dass er mit anderen Kindern spielte. Er wuchs zu einem Mann heran, der mit seinem Wissen beeindruckte. Und wenn ihn auch das Schicksal in seiner Kindheit hart getroffen hatte, so hielt es viele Jahre später noch eine freudige Überraschung für ihn bereit. Er mag wohl schon um die dreißig gewesen sein, als er bei einem Besuch in der Stadt Steffi kennen lernte. Steffi war ein hübsches junges Mädchen, von Herzen gut und klug noch dazu. Zwar hatte sie nur die Grundschule beendet, da das Geld für eine weitere Ausbildung gefehlt hatte, doch las sie in jeder freien Minute ein Buch, um ihr Wissen zu erweitern. Steffi und Josef trafen sich einmal die Woche, um Bücher auszutauschen und um über das Gelesene zu sprechen. Aus dieser »Buchfreundschaft« entstand schließlich Liebe, die zu einer Heirat führte. Die Hochzeit fand zwar in einem kleinen, bescheidenen Rahmen statt, doch die Herzlichkeit und Liebe der beiden überstrahlte alles. Ich hatte die Freude, bei der Feier dabei sein zu dürfen, die einstmals gemeinsam durchgestandenen

Sorgen um den kleinen Josef hatten mich fast zu einem Teil der Familie werden lassen. Bald nach der Hochzeit zogen Josef und Steffi in eine andere Stadt. Josef absolvierte dort eine Ausbildung zum Bibliothekar, und Steffi wurde seine Assistentin.

Leider habe ich beide dann aus den Augen verloren, die wenige Freizeit, die ich in meinem Beruf hatte, ließ es nicht zu, einen Ausflug zu ihnen zu unternehmen. Doch habe ich von Josefs Schwestern gehört, dass die beiden sehr glücklich sind. Auch mit Nachwuchs wurden sie beschenkt, und alle vier Kinder, die das Licht der Welt erblickten, waren, wie zu erwarten, Mädchen!

Auch nach all den Jahren steht der Aignerhof wie eh und je stolz und erhaben inmitten seiner Wiesen und Fluren, als könnte ihm nichts und niemand etwas anhaben. Immer wenn ich auf meinen Wegen in seine Nähe komme, erinnere ich mich an das Schicksal seines jungen Hoferben, an seine seltsame Erkrankung, die niemand so recht erklären konnte. Doch das Schicksal von Josef sollte nicht das Einzige bleiben, das die Familie noch erleben musste.

Als Theresa, die älteste Schwester, den Hof übernahm, stand sie kurz vor der Hochzeit mit dem Sohn vom Nachbarhof, Andreas Hochreiter. Eigentlich sollte es eine aufwändige, freudige Hochzeit werden, doch aufgrund des tragischen Schicksals von Josef wurde die Hochzeit dann nur im kleinen Kreis gefeiert. Ich kannte nicht nur Theresa, sondern auch Andreas schon von Kind auf und glaubte an eine gute Entscheidung.

Theresa war eine fleißige Bäuerin, die sich für

nichts zu schade war und die sich auch kaum schonte. Auch als sich das erste Kind ankündigte, trat sie kaum kürzer. Eine Tatsache, die in der damaligen Zeit normal war. Denn »Kinderkriegen ist keine Krankheit«, so hieß es damals, und deswegen arbeiteten fast alle Frauen bis kurz vor ihrer Niederkunft. Dass dies ganz und gar nicht den Gesetzen der Natur entsprach, mussten viele Mütter erkennen, als es meist schon zu spät war. Die schweren körperlichen Anstrengungen während einer Schwangerschaft führten allzu oft zu Komplikationen und damit zu einer vorzeitigen Geburt. Diese bittere Erfahrung musste auch Theresa machen.

Als ich an diesem heißen Augusttag zum Aignerhof gerufen wurde, ahnte ich aber von all dem noch nichts. Das erste Kind war unterwegs, und nun hoffte man, dass die kommende Generation endlich den so sehr erwünschten männlichen Erben hervorbringen möge. Josef, der damals noch auf dem Hof lebte, öffnete mir. Freundlich begrüßte er mich mit der Bemerkung: »Schön, dass Sie da sind.« Ein Willkommensgruß, den ich sehr zu schätzen gelernt hatte, weil er nur dann ausgesprochen wurde, wenn man wirklich erwünscht war. Der watschelnde Gang des Aignerbauernsohnes zeigte, dass er Mühe hatte, die Balance zu halten. Seine Hände konnte er nur bedingt gebrauchen. So konnte ich sehen, dass er beim Anfassen eines Gegenstandes häufig danebengriff. Obwohl sein Geist überaus gut funktionierte, blieben Josefs Extremitäten von der Krankheit seiner Kindheit gezeichnet.

»Es ist viel zu früh«, begrüßte mich Theresa. Das

war eine bedrohliche Feststellung – soweit es das Kind betrifft. Ich hörte diese Aussage immer sehr ungern. Doch in diesem Fall wusste ich, dass die Ursache im Arbeitseifer der Bäuerin zu suchen war. Wie ich sie auf dem Bett liegen sah, erkannte ich, dass sie frisch vom Feld gekommen war. Wahrscheinlich hatte sie zusammen mit dem Bauern die Heuernte eingefahren. Innerlich schüttelte ich den Kopf über so viel Unvernunft, doch das half nun wenig, die Situation erforderte mein Handeln. Ich versuchte all mein Können dahingehend einzusetzen, dass sich die Geburt verzögern würde und somit vielleicht einige Tage gewonnen werden könnten. Doch gegen die Gewalten der Natur sind auch wir Hebammen machtlos. Wenn ein Kind den Weg auf die Welt sucht, hilft alles Können und Wissen nichts – das Kind wird kommen. So geschah es auch bei der Geburt auf dem Aignerhof. Meine Bemühungen, die Geburt hinauszuzögern, stellten sich bald als fruchtlos heraus. Ein weit unter den Normalwerten liegender Bub wurde geboren. Der seit Generationen ersehnte und erhoffte Stammhalter hatte keine Chance, durchzukommen! Nach einem kleinen, krächzenden Schrei erlosch sein kurzes Leben. Menschen aus bäuerlichen Kreisen, seit früher Jugend hart angefasst, schreien nicht, wenn das Schicksal zuschlägt, auch wenn sich ihre Seele aufbäumen möchte. Nur manchmal lassen Tränen die Not ihres Herzens erkennen.

Später kamen auf dem Aignerhof doch noch gesunde Kinder zur Welt. Doch einen männlichen Erben gab es auch in dieser Generation nicht. Die Eltern hatten sich damit abgefunden, dass, aus welchen Gründen auch immer, auf dem Aignerhof nur Mädchen geboren wurden. »Das Schicksal geht seine eigenen, verschlungenen Wege«, meinte Josef, der verhinderte einstmalige Hoferbe, zu mir.

Auf dem Aignerhof half ich zwei Generationen zum Leben. Die dritte Generation durfte ich nach dem Ende meiner Berufslaufbahn noch miterleben. Und jetzt kam der so lange ersehnte männliche Hoferbe! Es war wieder ein Josef, und er ist heute ein gesunder Bursch, dem wir wünschen wollen, dass er den Besitz erfolgreich weiter führen und einmal keine Probleme mit der männlichen Erbfolge haben wird!

## *Großvaters Vermächtnis*

Sie hatte es nicht leicht, die Marianne, weder als Kind noch als Heranwachsende, weil sie sich unter drei Brüdern behaupten musste. Als Jüngste kam sie auf dem Hof ihrer hoch erfreuten Eltern zur Welt. Dass sich die drei Buben anstatt dem Dirndl, mit dem man eh nichts anfangen konnte, einen Spielgefährten gewünscht hätten, war allzu verständlich. Marianne, so hatten die Eltern schon vorausgeplant, sollte einmal Lehrerin werden, ein Beruf, dem man mit Achtung begegnet, der ihr Ansehen verleihen und auch ein bisschen Glanz auf den Hof werfen würde.

Gut durchdacht war der Plan auf dem Freimlhof an der Leitn; man war zufrieden mit dieser weisen Entscheidung, die Marianne, vorerst die einzige Tochter, in bessere Kreise emporheben würde. Dass auch sie nach ihrem Berufswunsch gefragt werden müsste, daran dachte niemand, denn man war der Meinung, dass man so das Beste für das Kind tat, und somit war dessen Zukunftsweg beschlossene Sache. Das Schicksal aber hatte für alle vier Geschwister einen ganz anderen Weg bestimmt.

Das Mädchen und seine Brüder absolvierten die Schule, die Buben erzielten gute Schulabschlüsse, und auch Marianne beendete ihre Ausbildung mit Auszeichnung. Auf die Tochter war man besonders stolz, schließlich hatten die Eltern nach wie vor ihren Plan, aus Marianne eine Lehrerin zu machen. Die guten Schulnoten der drei Buben hatten sie schweigend zur Kenntnis genommen, was nützten schließlich Noten, wenn sie einmal Bauern würden? Doch schon bald kristallisierte sich heraus, dass die Planungen der Eltern so nicht in Erfüllung gehen sollten. Die heranwachsenden Jungen interessierten sich für alles andere mehr als für die Arbeit am Hof. Josef, der Älteste, wollte schon bald seinen eigenen Weg gehen und in die Stadt ziehen, um dort Politische Wissenschaften zu studieren, ein Thema, mit dem die Freimlhofbäuerin und der Bauer überhaupt nichts anfangen konnten. Also ließen sie ihren Ältesten ziehen, schließlich waren ja noch zwei Söhne da, die den Hof übernehmen könnten. Doch auch Anton, der Zweitgeborene, dachte nicht daran, Landwirt zu werden. Schon als Kind waren für ihn Autos das liebste Spielzeug gewesen, die Liebe zu den Autos blieb erhalten, er wurde Automechaniker. Später machte er sich selbstständig und betrieb die Werkstatt im Dorf. Abgesehen von der Tatsache, dass er nicht den Hof übernommen hatte, machte er seinen Eltern viel Freude. Er heiratete ein hübsches Mädchen aus der Nachbarschaft und hatte bald eine eigene kleine Familie, mit der er sehr glücklich wurde.

Die Eltern hatten nun nur noch die Hoffnung, dass zumindest der jüngste Sohn Thomas sich für den Hof verantwortlich fühlen würde. Thomas hatte immer gern bei der Bauernarbeit mitgewerkelt, er war ein aufmerksamer, hilfsbereiter junger

Mann. Wann immer seine Eltern ihn brauchten, war er da und half bei der Ernte, im Stall oder wo Not am Manne war. So lag es aus Sicht der Freimlbauern-Leute nahe, dass Thomas den Hof übernehmen sollte. Doch auch diese Hoffnung sollte sich zerschlagen, Thomas wollte ebenfalls in die Stadt, um dort zu studieren. Ihm hatten es die Tiere angetan, er wollte Tiermediziner werden und als Tierarzt in das Dorf zurückkehren.

Als ich dies hörte, kam mir eine Begebenheit in den Sinn, die sich auf dem Freimlhof zugetragen hatte und die mir heute noch im Gedächtnis geblieben ist. Bei einem meiner zahlreichen Besuche auf dem Hof hatte es sich eines Tages ergeben, dass eine Kuh kalbte. Staunend standen die vier Kinder im Stall und betrachteten das natürliche Ereignis. Als es zu Komplikationen kam und das Kalb den mütterlichen Bauch nicht verlassen wollte, musste gehandelt werden. Der Bauer versuchte mit einem beherzten Griff das ungeborene Leben in die Welt zu ziehen. Er hatte genau das Richtige getan, denn nach kurzer Zeit konnte er das Kälbchen aus dem Mutterleib holen und ihm so das Leben schenken.

Ich erinnere mich noch genau an das Verhalten der Kinder bei dieser Gelegenheit. Die kleine Marianne hatte sich in den Armen der Mutter versteckt und blinzelte mit einem Auge, um die Geschehnisse verfolgen zu können. Josef, der älteste Sohn, wandte sich, als die Komplikationen eintraten, ab und ging aus dem Stall hinaus; Blut konnte und wollte er nicht sehen. Anton stand während der kompletten Geburt in der Ecke und betrachtete den Vorgang mit sichtlichem Respekt. Einzig und allein Thomas war es gewesen, der damals – gerade sechs Jahre alt – mit seinem Vater bei der Kuh war, diese streichelte, ihr gut zuredete und den Geburtsvorgang sehr genau und interessiert beobachtete. Im Nachhinein gesehen, war hier schon früh das Interesse des Buben an Tieren und an der Natur zu erkennen.

Nun, wie dem auch sei, die Buben waren schließlich alle aus dem Haus, nur die Tochter lebte noch bei den Eltern. Doch sie sollte ja, wenn es nach deren Willen ging, Lehrerin werde. Guter Rat war nun teuer, wie der Erhalt des Hofes gesichert werden sollte.

Lange hatte ich nichts mehr vom Freimlhof gehört. Doch eines Tages wurde ich dorthin geholt, es wäre eilig, hieß es. »Dass es so was geben kann auf unserem rechtschaffenen Hof«, hörte ich die Freimlhoferin jammern. »Einen ledigen Bankert bringt uns des Dirndl ins Haus, dass uns die Marianne so etwas antut, wer hätt des denkt.« Ich versicherte der Freimlhoferin, dass es schlimmere Dinge gebe, dass man sich damit abfinden müsse und dass doch bestimmt ein Vater da sei, der zu seinem Kind stehe. Die Bäuerin wischte sich den Schweiß von der Stirn und beklagte weiterhin dieses unvorhergesehene Schicksal, das den Hof in Verruf bringe. Das Gejammer interessierte mich nicht weiter, und ich ging schnell in Mariannes Kammer, wo diese unglücklich in ihrem Bett lag.

Ich sah sie als eines meiner vielen Kinder an, die ich auf die Welt gebracht hatte und zu denen ich zeit meines Lebens eine besondere Bindung spürte.

Nun wurde dieses Mädchen selbst Mutter! Und mir war, als wäre es erst gestern gewesen, als ich die vor Angst und Schweiß zitternde Marianne vor mir sah, damals, als ich sie als Neugeborene in meinen Händen hielt. Nun lag sie als Erwachsene vor mir, und ich konnte spüren, welchen Unwillen sie bei der Geburt ihres eigenen Kindes zeigte.

Bei unserem Gespräch beruhigte sich Marianne ein wenig, als sie mir erzählte: »I' weiß ja, wie schwer es meine Eltern mit mir haben, i' hab's lang verschwiegen, weil ich es net glauben hab können, net für möglich gehalten hab.« So hatte Marianne die Wahrheit, diese für sie furchtbare Wahrheit, verdrängt, bis sie offenbar wurde. Und nun standen wir vor der Tatsache, dass ein Kind an das Licht der Welt drängte, ohne zu fragen, ob es erwünscht sei. Es geht seinen vorbestimmten Weg und fragt nicht nach den Umständen. Marianne verhielt sich still in ihren Wehen. Nur Tränen und Schweiß waren die sichtbaren Zeichen der seelischen und der körperlichen Not.

»Wird das Kind leben?«, fragte sie mich ganz plötzlich. – »Das hoffe ich sehr«, antwortete ich. Sie wird sich doch nicht den Tod ihres Kindes wünschen, diese verzweifelte Mutter, überlegte ich. Doch dann antwortete diese, als hätte sie meine Gedanken erraten: »Sterben soll es nicht, mein Kind, auch wenn meine Eltern den Vater immer abgelehnt und ihm sogar Hausverbot erteilt haben, obwohl ich ihn jetzt so dringend bräuchte.«

Eine Weile herrschte Stille zwischen uns, und wir hingen unseren Gedanken nach, als Marianne noch einmal zu sprechen begann: »Das war ungerecht von meinen Eltern.« – »Gibt es gar keinen Weg zueinander?«, fragte ich und hoffte sie damit ein wenig zu trösten. – »Nein«, war Mariannes Meinung, »da sind zu viel beleidigende und zu viel böse Worte gefallen.«

Eine junge Liebe war erbarmungslos auseinander gerissen worden, weil sie nicht standesgemäß war und dem guten Namen des Hofes nicht zuträglich wäre. Doch dieses umstrittene Kind kam gesund und ohne Schwierigkeiten zum Ziel. »Wenn ich bloß dran denk, von wem der Bua herstammt, von einem Mann, der unser Dirndl verführt hat, sodass ein lediger Bankert auf die Welt kommen hat müssen, da möchte es einem schlecht werden«, jammerte die Freimlbäuerin. Die alte Hanni, die schon immer zum Hof gehörte, bekreuzigte sich bei den Worten der Bäuerin. So gottlose Reden können zum Fluch für Haus und Hof werden, wenn man nicht durch Beten und Bekreuzigen sofort dagegensteuert.

Mariannes Sohn wurde trotz allem Ärger und Missmut in die Familie aufgenommen und wurde später zur Freude seiner Großeltern.

Eigentlich wäre Marianne als Trägerin des Namens in der Erbfolge die Rechtmäßige gewesen. Doch Vater Korbinian hatte anders bestimmt. Seine Tochter sollte nur das Erbe verwalten, so lange, bis Matthias, ihr Sohn, das achtzehnte Lebensjahr erreicht hätte; dann sollte er, nach dem Willen des Freimlbauern, der rechtmäßige Erbe des Freimlhofes werden.

Ein nicht legitimes Kind hatte durch die Liebe seiner Großeltern eine gute Heimat gefunden. Matthias wuchs heran, und der Großvater wurde für ihn zur engsten Bezugsperson. Der alte Mann wurde nicht müde, seinem Enkel das Leben und Arbeiten auf dem Hof nahe zu bringen und in ihm die Freude zur Natur, zu Feld und Wald zu erwecken. Der kleine Matthias war ein aufmerksamer Zuhörer, dessen reger Geist bereit war, Großvaters Worte in sich aufzunehmen und das gesammelte Wissen später nutzbringend anzuwenden.

Es vergingen Jahre mit Säen und Ernten, und der Wohlstand nährte sich an der Leitn. Inzwischen ist der alte Freimlbauer in die Ewigkeit heimgegangen, und seine Bäuerin folgte ihm bald danach. Marianne war immer noch eine schöne Frau, und die Zeit war gekommen, dass sie ihrem Sohn Matthias die Verantwortung für den Besitz zu geben hatte gemäß der notariellen Bestimmung seitens des Großvaters. Mutter Marianne wird ihrem Sohn auch weiterhin beistehen, ihn unterstützen, aber irgendwann wird er eine eigene Familie haben, die selbst die geliebte Mutter entbehrlich machen wird.

## *Unglückstag*

Mit dem Leben und der Arbeit in ländlichen Gebieten musste ich am Beginn meiner Tätigkeit als Landhebamme erst Erfahrungen sammeln. Beispielsweise kannte man dort wenig Hygiene. Es war mir unverständlich, wie häufig die Menschen in engem Kontakt mit den Tieren zusammenlebten und dass es dennoch entgegen klinischer Erkenntnisse keine gesundheitlichen Probleme gab. Später wurde mir klar, dass diese Menschen resistent gegen die Keime ihrer Umwelt waren und dadurch gesund blieben.

Manchmal dachte ich: Wenn mein ehemaliger Ausbilder, Professor Burger, sehen könnte, unter welchen Bedingungen ich Kindern zur Welt verhalf, ihm würden die Haare zu Berge stehen.

Religiöses Denken und die Heilkraft der Natur wurden in das Leben dieser Menschen mit einbezogen und ersetzten häufig ärztliche Kunst und ärztliches Wissen. Mit diesen Erkenntnissen vollzog sich ihr bescheidenes Leben im Ablauf der Jahreszeiten. Glaube und Aberglaube gehörten zu den überlieferten Werten der Landbevölkerung. Das waren keineswegs Gegensätze, sie schätzten das eine wie das andere und sahen darin eine gewisse Übereinstimmung trotz aller Verschiedenheit. Das religiöse Denken der bäuerlichen Bevölkerung äußerte sich in geweihten Amuletten, denen Heilkraft zugeschrieben wurde, wenn man sie am Körper trug oder bei der Geburt eines Kindes unter das Kopfkissen legte. Vor allem aber stand das Weihwasser in hohem Ansehen, weil es den Segen für Mensch und Tier bringe und alles Unheil abwenden könne. Glauben oder Aberglauben abzulehnen, ihn in Zweifel zu ziehen, hätte Misstrauen und Verärgerung hervorgerufen.

Mit leichtem Schaudern erinnere ich mich an eine Geschichte, die das Leben schrieb, und zwar genau an einem Freitag, dem 13. des Monats.

Tante Frieda, die in dem kleinen Ort unter diesem Namen bekannt war, stattete mir ihren Besuch ab. Eine ältere Dame, verwitwet, die sich, als sie ihren Kramerladen noch betrieb, Respekt verschaffen konnte und kein Blatt vor den Mund nahm, wenn es galt, ihre Meinung zu vertreten. Sie wusste alle Neuigkeiten aus dem Dorf und hielt sich in keiner Weise zurück, diese zu kommentieren, zu ergänzen und weiterzugeben. Vor allem »Familiengeschichten« hatten es ihr angetan, und sie hatte die größte Schadenfreude, wenn sie über gescheiterte Ehen, betrogene Ehefrauen und ledige Kinder berichten konnte. Wohlgemerkt, solange es nicht sie und ihre Familie betraf.

Doch das sollte sich an dem Tag ändern, an dem sie vor meiner Tür stand. Diesmal musste sie eingestehen, dass sich nun in der eigenen Familie offenbar eine Tragödie anbahnte.

»Heut muss i' zu Ihnen kommen, weil des Dirndl, mei' Nichte, sich geniert. Sie kriegt a Kind, müssen S' wissen, und jetzt traut sie sich nicht zu Ihnen zu kommen, zum Anmelden, weil's jetzt zu spät is«, gab sie mir lautstark zu verstehen, und sie erklärte mir, dass die Grete zurzeit als Hausmagd tätig sei. Als ich meinte, dass ich mit Grete gern selber sprechen möchte, sagte sie mir zu, diese bei mir vorbeizuschicken, und kommentierte es mit den Worten: »Wenn S' meinen, dass des sein muss, schon.«

Noch mehrmals besuchte mich Tante Frieda, um mir zu sagen, wie unerwünscht dieses Kind sei, dessen Vater sich aus dem Staub gemacht hatte. »Der Lump, der keinen Charakter nicht hat. Der des Dirndl in die Schand 'bracht hat und dann nix weiß von der Gschicht. A sauberes Mannsbild, sag i'«, meinte sie abschließend. Nach einer kleinen Verschnaufpause, in der sie ihren Gedanken nachhing, fuhr sie fort: »Für des Dirndl is a lediges Kind a Stein am Fuß, ihrer Lebtag lang. Drum soll's adoptiert werden, wennst verstehst, was ich mein'. Vielleicht hörst amal was.« Damit meinte Tante Frieda, dass ich in Sachen Adoption tätig werden sollte. Sie sah dies als die beste Lösung an, da es sehr unwahrscheinlich schien, dass sich der Vater um das Kind kümmern würde.

Ich ahnte, wer der leibliche Vater war, zog es aber vor, meine Vermutung für mich zu behalten. So temperamentvoll wie Tante Frieda war, traute ich ihr durchaus zu, dass sie den Erzeuger des Kindes tätlich angreifen würde. Und so weit wollte ich es nicht kommen lassen, zumal der mutmaßliche Vater ein eher schmächtiger und zurückhaltender Mann war.

Der Makel, der ihm anhaftete, war die Tatsache, dass er bereits verheiratet war und mit seiner Frau fünf Kinder hatte. Grete hatte an seinem Hof ihre erste Stelle als Hausmagd angetreten und hatte sich, soweit ich mich erinnern kann, gut in die dortigen Gegebenheiten eingelebt. Die fünf Kinder mochten ihre natürliche, humorvolle Art, und auch die Bäuerin kam gut mit Grete aus. Als bekannt wurde, dass sie den Hof verlassen würde, wusste dafür niemand eine Erklärung. Grete wohnte wieder zu Hause und hatte in kurzer Zeit verschiedene Männerbekanntschaften. Damals war ich darüber verwundert, doch jetzt konnte ich mir denken, warum. Sie wusste, dass sie schwanger war, wollte aber vertuschen, von wem das Kind war.

Grete, die werdende Mutter, bekam ich bis zur Geburt ihres Kindes nur einmal zu Gesicht. Es war eine traurige junge Frau, die vor mir stand, die Hände über dem dicken Bauch gefaltet und den Blick nach unten gesenkt. Ich konnte förmlich spüren, wie schwer ihr die Zeit der Schwangerschaft gefallen war und wie verunsichert sie war, was das Leben nach der Geburt des Kindes für sie bereithalten würde.

Obwohl mich Tante Frieda in den letzten Wochen immer wieder gedrängt hatte, in Sachen Adoption etwas zu unternehmen, hatte ich nichts Derartiges getan. Ich war und bin der festen Überzeugung, dass die Mutter erst nach der Geburt ihres Kindes über dessen weiteres Leben entscheiden soll. Allzu oft habe ich schon miterlebt, dass sich Mütter, die zur Adoption fest entschlossen waren, nach der Geburt nicht mehr von ihren Kindern trennen wollten. Also beschloss ich, auch in diesem Fall abzuwarten und erst später die eventuell notwendigen Schritte einzuleiten.

An einem Freitag, dem 13., dem Aberglauben nach ein Unglückstag, kam Grete zur Geburt des Kindes in das Krankenhaus. Die werdende Mutter war in größter Sorge, weil dieser Tag ein Tag sei, der nichts Gutes verheißen würde. Als ich ihr tröstend erklärte, dass alles gut ginge und das Kind erst am 14. zur Welt käme, beruhigte sie sich. »Ein Kind zu bekommen, ist immer ein guter Tag. Vergessen Sie Ihre unglücklichen Gedanken«, sagte ich ihr.

Doch Grete bestand auf ihrer abergläubischen Version, und sie sollte in gewissem Sinne Recht behalten. Der Geburtstermin, den wir errechnet hatten, war sehr genau. Denn Grete wusste den denkwürdigen Tag der einmaligen Begegnung mit diesem ungenannten Mann. Es war Nacht geworden, und ich wünschte, dass Gretes Gedanken aufgrund des abergläubischen Wissens keine negative Wirkung auf die Geburt des Kindes haben würden.

Doch die Natur lässt sich in kein Schema zwingen; sie hat ihre bestimmten Gesetze. Es war Freitag, der 13., als dieses Kind, das niemand brauchte und niemand wollte – vermutlich würde es keine Nestwärme bekommen –, geboren wurde. Hatten Gretes absurde Gedanken sich verwirklicht, war meine Frage, als ich dieses Menschenkind in meinen Händen hielt. Es hatte missgebildete Arme und Beine, war erkennbar mongoloid und hatte ein stark gewölbtes Bäuchlein. Die für Neugeborene ungewöhnlich weit offenen Augen blickten ins Leere. Armes Kind!

Fachärzte nahmen sich des Neugeborenen an, das vorerst keinem Geschlecht zugeordnet werden konnte. Trotzdem starb es am zehnten Tag nach der Geburt. Es wollte – ungeliebt und ungewollt – keine Heimat finden in dieser Welt.

Ich hoffe, meine Leser werden nachempfinden können, dass ich seit diesem Erlebnis einen Freitag, den 13., stets mit etwas Beklemmung erlebe.

## *Kinder ohne Heimat*

Es ist immer ein Drama, wenn sich Kinder durch eine gescheiterte Ehe den veränderten Lebensbedingungen anpassen und wegen einer Scheidung den Verlust eines Elternteils akzeptieren müssen. Und das, obwohl sie diesen so oft schmerzlichst vermissen.

Eine bestimmte Traurigkeit steht in ihren Augen, die Leistungen in der Schule lassen nach. Was im Innern dieser Kinder vorgeht, bleibt den Erwachsenen verborgen. Die Seelen dieser kleinen Menschen leiden mehr, als ihre Umgebung das erkennt.

Man sprach früher von einem Glücksfall, wenn ein Kind, das ein Zuhause suchte, einen guten Pflegeplatz gefunden hatte, sodass es mit Liebe und Zuwendung heranwachsen konnte. Vor etwa einem halben Jahrhundert war die Aufnahme eines Pflegekindes häufig eine Geldangelegenheit. Die unehelichen Mütter waren gezwungen, zwischen zwanzig und dreißig Mark im Monat zu zahlen, was damals viel Geld war.

Wenn sich der Vater des Kindes aus dem Staub gemacht oder sich aus der Vaterschaft herausmanipuliert hatte, hing es einzig und allein an den Müttern – oft schwer arbeitende Mägde –, das nötige »Kindsgeld« aufzubringen. Da ich Einblick in das Milieu der in Frage kommenden Familien hatte, wurde ich häufig um meine Meinung und um meinen Rat gefragt. Einige dieser ans Herz gehenden Geschichten sind mir in bleibender Erinnerung geblieben.

So erlebte ich die kleine Anneliese, zwei Wochen alt, die das ganz große Los gezogen hatte und bei einem kinderlosen Ehepaar eine vorläufige Heimat gefunden hatte. Ich schreibe bewusst »vorläufig«, denn es ergab sich des Öfteren, dass ein größer gewordenes Kind durch ein neu geborenes Geschwisterchen ausgetauscht wurde. Das Kind musste dann der leiblichen Mutter in eine unbestimmte Zukunft folgen. Allzu oft wurden die Kinder hin und her geschoben wie ein unnützer Gegenstand. Zu Anneliese kam ich mehrere Male, da die derzeitige Pflegemutter ungeübt war in der Kinderpflege und sich das nötige Wissen erst langsam aneignen musste. Dabei konnte ich mich davon überzeugen, mit wie viel Liebe sie dieses Kind umgab, ohne dass das Thema Pflegegeld auch nur einmal zur Sprache kam. »Jeder Besuch der leiblichen Mutter ist für meinen Mann und mich schmerzlich. Er erinnert uns daran, dass uns Anneliese nur geliehen ist«, berichtete mir die besorgte Pflegemutter. »Jetzt schon ist sie wie unser eigenes Kind.«

Die Besuche der leiblichen Mutter waren im ersten Halbjahr regelmäßig, wurden dann immer seltener und blieben schließlich ganz aus. Nun war es Zeit, den lang gehegten Wunsch der Pflegeeltern nach einer Adoption zur Sprache zu bringen. Insgeheim hoffte ich sehr, dass dieser Wunsch sich realisieren möge. Denn eine Trennung wäre für beide Teile sehr schmerzhaft geworden.

Elisabeth, die Kindsmutter, hatte keine Einwände. Sie gab Anneliese zur Adoption frei. Es war ganz in ihrem Sinne, denn in absehbarer Zeit wollte sie heiraten, und ein lediges Kind in eine Ehe einbringen, das bedeutet eine Hypothek. Außerdem sei eh ein zweites Kind unterwegs, tröstete sich Elisabeth. Es ergab sich zwangsläufig, dass sich in diesem Zusammenhang Mutter und Kind begegnet sind. Die kleine Anneliese, mittlerweile zwei Jahre alt, hatte Angst vor der fremden Frau, die ihr nun die Hand entgegenhielt. Schutz suchend lief sie zu ihrer Pflegemutter, bei der sie sich geborgen fühlte.

Zwischen Elisabeth und ihrem Kind bestand keine emotionale Bindung mehr. Zwei Jahre lagen dazwischen, die Gefühle von einst waren erloschen. Für mich war es meist unverständlich und nicht nachvollziehbar, wie gefühlskalt Mütter und Väter ihren Kindern begegnen konnten, diesen unschuldigen kleinen Wesen, die es sich beileibe nicht selbst ausgesucht hatten, auf die Welt zu kommen, und doch teilweise genau dafür so sehr bestraft wurden. Wenn ich, wie im Fall der kleinen Anneliese, miterleben konnte, wie sich das Leben der Kinder doch noch zum Guten wendete, war es auch für mich eine Erleichterung.

Nicht immer war dies der Fall. Michael erging es in seiner Pflegestelle leider ganz anders.

Im Alter von sechs Monaten wurde er in eine Familie gebracht, die von Anfang an erbittert um das Pflegegeld feilschte. Hier wuchs er mit noch zwei seinesgleichen unter den primitiven Verhältnissen dieser Familie auf. Eine Kuh, eine Ziege und ein paar Hühner sorgten für die bescheidene Nahrung dieser Kinder.

Auf einer meiner Dienstfahrten beobachtete ich Michael, wie er als Zehnjähriger zwei Eimer Wasser, die er vom nahen Bach holte, die steile Anhöhe hinaufschleppte. Immer wieder blieb er für einen kurzen Augenblick stehen, um dann erneut den Berg in Angriff zu nehmen, stets darauf achtend, dass er mit vollen Eimern nach oben kam. Eine hohe Anforderung an den Zehnjährigen! Als ich etwas später erfuhr, dass Michael dies täglich zu verrichten hatte und dass Schläge von den Pflegeeltern in diesem Haus nichts Ungewöhnliches waren, machte ich bei ihnen einen höchst unwillkommenen Besuch – der aber Wirkung zeigte.

Michael wurde im Alter von zwölf Jahren, um die Pflegekosten zu sparen, von seiner Mutter zu einem Bauern verdingt, der als Leute- und Viehschinder einen unrühmlichen Namen hatte. Der Bub kam vom Regen in die Traufe. Ein Kind, das in seinem Leben nur Leid erfahren hatte, musste dieses schlimme Los leider auch dort weiter hinnehmen. Liebe und Zuneigung waren an diesem Hof Fremdwörter. Es herrschte ein rauer Umgangston, und wer sich nicht so verhielt, wie der Bauer wollte, der wurde mit Schlägen oder Essensentzug bestraft.

Michael arbeitete Tag und Nacht, sein karger Lohn war ein kleines, unbeheiztes Zimmer, die Nahrung bestand aus trockenem Brot und Wasser, einmal die Woche auch Käse und Milch.

Das änderte sich erst durch meinen Besuch – und

als der Herr Pfarrer auf den Heranwachsenden wegen seiner Unterernährung aufmerksam wurde.

Der sorgte dafür, dass die Erziehung, die Wohnung und Verpflegung dieses Kindes in bessere Hände kamen, und wurde in einem Seminar fündig. Michael hatte nun einen Gönner, der diesem jungen Menschen unter die Arme griff. Nicht nur für ein besseres, menschenwürdiges Leben, er förderte auch die geistigen Werte des Buben. Es war eine Freude mitzuerleben, wie sich Michael entwickelte. Aus dem verschlossenen Buben wurde ein aufgeweckter, lustiger junger Mann. Mit seiner freundlichen Art hatte er bald einen großen Freundeskreis. Die verwaisten, verstoßenen Kinder hatten in dem Seminar zueinander gefunden und waren eine große Familie geworden. Die Berufswahl von Michael zeigt für mich die natürliche Konsequenz seines Lebensweges. Er fand seinen inneren Frieden bei der katholischen Kirche und ließ sich zum Priester weihen. Insbesondere setzte er sich für Kinder ein, die in Not geraten waren; seine Arbeit ist bis heute geschätzt und geachtet. Das einstige arme Pflegekind hat seinen guten Weg gefunden und gibt das Gute, das er nach seiner schweren Kindheit zuletzt doch noch erfahren durfte, mit offenen Armen weiter.

Zum Schluss möchte ich noch die Geschichte von Lisa erzählen, die mit ihrem Verhalten die Herzen ihrer eigenen kleinen Kinder zutiefst verletzt hatte.

Lisa war eine junge Frau, der moralische Begriffe ziemlich fremd waren und die ihre eigenen Interessen denen der Familie vorzog. Sie hatte sehr jung geheiratet, ihren Jugendfreund Max, von dem sie nach ihrer ersten Begegnung schwanger geworden war. Ich kann mich noch sehr gut an die Zeit ihrer Schwangerschaft und an die Geburt erinnern. Zwillinge hatten sich angekündigt, und dies bedarf immer einer besonders intensiven Betreuung.

Während der junge Vater Max voller Freude auf die Geburt der Kinder wartete, konnte sich Lisa nicht mit ihrem Schicksal abfinden. Bei jedem Besuch klagte sie über ihr Schicksal, wie es weitergehen würde mit Zwillingen, und überhaupt habe sie ihr Leben nun verpfuscht. Ich hoffte, dass sich Lisas Einstellung nach der Geburt ändern würde und sie die Kinder als ein Geschenk Gottes annehmen würde. Doch der Wandel trat nicht ein, im Gegenteil. Die junge Mutter war mit zwei Kindern heillos überfordert und kam mit ihrer Situation weniger zurecht denn je. Max war es, der für die Kinder da war, der sie liebte, hegte und pflegte. Lisa ging ihren eigenen Weg und hatte sehr wenig Zeit, Gefühl und Liebe für ihre Familie übrig. Eines Tages passierte dann das Unerwartete, ja für mich Unfassbare. Als Max nach der Arbeit nach Hause kam, fand er einen Zettel von seiner Frau mit ein paar Zeilen vor, die klipp und klar ausdrückten, was sie empfand. Das Leben auf dem Hof war ihr zu eng geworden, die Verantwortung für die beiden Kinder zu viel, außerdem habe sie sich neu verliebt und wolle ein neues Leben anfangen. Ohne Abschied hatte sie stillschweigend ihren Ehemann und die Zwillinge verlassen und zog zu ihrem derzeitigen Freund an einen anderen Ort.

Welch Unglück sie damit über Max und seine Söhne brachte, muss ich hier sicherlich nicht beschreiben. Es war eine verantwortungslose Art und Weise, wie Lisa mit den Gefühlen ihrer Familie umging, ein Fall, wie ich ihn, Gott sei Dank, nicht oft miterleben musste. Max und seine Kinder blieben mit gebrochenen Herzen zurück. Es vergingen viele Monate, bis die zwei Buben nicht mehr nach ihrer Mutter weinten und Max ohne Bitterkeit von seiner ehemaligen Frau sprechen konnte.

Einige Jahre später heiratete Max übrigens noch einmal und lebte glücklich mit seinen Kindern in dieser neuen, sehr harmonischen Beziehung.

Nach einiger Zeit hörte ich wieder einmal von Lisa. Sie bat mich zu einem dringenden Gespräch, wie sie mir am Telefon sagte. Lisa sah mitgenommen aus, ungepflegt, ihre tief liegenden Augen gefielen mir nicht so recht.

»Haben Sie Sorgen?«, fragte ich sie nach unserer Begrüßung. Sie wich meinem Blick aus, als sie mir ihren Kummer klagte: »Es war ein Fehler, dass ich Max und die Kinder verlassen habe. Und nun ist die Tür zu. Ich kann nicht mehr zurück.« Lisa schien über ihre Lage, in der sie sich befand, nachzudenken. Das Eingeständnis ihrer Schuld zeigte mir, dass an dieser etwas leichtlebigen Frau noch nicht alles verloren war. »Was kann ich für Sie tun, Lisa?«, fragte ich. Ich sah, wie diese mit sich kämpfte, auszusprechen, was sie bedrückte.

»Ich bin schwanger«, sagte sie nach einer längeren Pause, »und nun weiß ich nicht, von welchem Mann dieses Kind stammt, das ich erwarte. Können

Sie mir helfen?« Nun begann ich zu fragen und nach dem letzten Zyklus zu rechnen, aber unsere Bemühungen waren erfolglos. Die Frage blieb offen. Es kam sowohl ein Thomas als auch ein Gerhard unmittelbar in Frage. Die Lage, in der sich Lisa nun befand, war verzwickt und konnte im Moment nicht geklärt werden. Es hieß also abwarten. Die Blutwerte würden diese Frage lösen, so hoffte ich.

An einem Karsamstag, der mit Regen und Schnee einherging, wurde Lisas Kind geboren, von dem wir nicht wussten, welchem Vater es zuzuordnen war. Blutwerte wurden bestimmt, aber die letzte Gewissheit fehlte – trotz genauer Analysen. Und Erkennungszeichen an dem kleinen Mädchen gab es ebenfalls nicht. Es wurde etwas zu früh geboren und kämpfte mit Atembeschwerden. Mit der Einweisung in ein Kinderkrankenhaus hofften wir auf positive Ergebnisse. Doch der Gesundheitszustand des Kindes verschlechterte sich plötzlich, es sah bedrohlich aus. Lisa hatte sich mit dem Tod des kleinen Mädchens bereits abgefunden – ihn vielleicht sogar gewünscht, um die leidige Angelegenheit der Vaterschaft zu beenden, die nicht mehr vorrangig war. Doch dieses unerwünschte Kind kämpfte sich durch die kritische Phase, es blieb am Leben, und Gerhard P. wurde der kleinen Michaela später als Vater zugeordnet.

Ein Jahr verging. Der Wirbel um das Mädchen, das mit seinen mageren Beinen die ersten Schritte unternahm, hatte sich gelegt. Doch Lisa hatte von ihrer Beziehung, wie sie mir sagte, die Nase voll und startete einen neuen Anfang mit der kleinen

Michaela. Ein ruheloses Leben begann für Lisa und ihr Kind, das nicht wusste, wohin und zu wem es gehörte.

Allmählich verlor ich Mutter und Tochter aus den Augen. Erst einige Jahre später, bei einer zufälligen Begegnung mit Lisa, erfuhr ich mehr über ihr verpfuschtes Leben. »Von Männern hab ich endgültig die Nase voll. Sie bringen mir nur Unglück«, jammerte sie. Lisa hatte es versäumt, ihren Beitrag zum Gelingen der Beziehungen zu leisten. Nun stand sie vor ihren Trümmern. Die Zwillinge waren inzwischen im Schutz einer anderen Mutter. Sie hatten ein geordnetes Zuhause gefunden.

Die Kinder aus zwei anderen Partnerschaften hatte Lisa zur Adoption freigegeben, darunter auch Michaela.

Lisa hat versagt, und ihre Kinder waren und sind die Leidtragenden dieser unsteten Mutter.

# *Raue Schale, weicher Kern*

Der Brunnhuber-Felix war ohne Zweifel der reichste Mann im Dorf. Keiner wusste genau, was eigentlich alles zu seinem Besitz gehörte, und vielleicht wusste er es nicht einmal selber genau. Er war ein Vieh- und Holzhändler, und seiner beträchtlichen Geschäftstüchtigkeit verdankte der den Geldsegen.

Doch so groß der materielle Reichtum war, so einsam sah es im Herzen des Brunnhuber aus. Er war noch jung, der Felix, denn seine Eltern waren früh gestorben. Als 10-jähriger Bub musste er miterleben, wie sein Vater bei einer Bergtour verunglückte. Seine Mutter, die ihren Mann sehr geliebt hatte, war seitdem vom Gram gezeichnet und wollte sich nie mehr richtig erholen. Mit dem Tod des Mannes war ihr das Herz gebrochen, und nur vier Jahre später hörte es auf zu schlagen. Da stand der kleine Felix alleine da, ohne Eltern und ohne Geschwister. Sein Onkel und seine Tante nahmen den Buben in ihre Obhut. Die zwei waren gute Menschen und sorgten dafür, dass das Kind im Sinne der Eltern erzogen wurde. Felix wurde ein junger Mann mit Verstand, der alsbald sein geschäftliches Geschick zeigen sollte.

Viele Jahre vergingen, bis der Felix daran dachte, zu heiraten und eine Familie zu gründen. Eine gute Partie hatte er nicht nötig, Geld war ja genug da.

Also wartete er auf die große Liebe, denn von seinen Eltern hatte er vorgelebt bekommen, was es hieß, aus Liebe verheiratet zu sein. Diese Erinnerung hatte er in seinem Herzen bewahrt und wollte sie für sich und sein Leben weiter leben.

Eines Tages traf er Anita. Anita war ein hübsches Mädchen mit dunklen, lachenden Knopfaugen, dichtem braunen Haar und einer mädchenhaften Figur. Wenn sie sprach, hatte sie stets ein Lächeln auf den Lippen, und der Klang ihrer Stimme zog Felix sofort in seinen Bann. Dass Anita aus bescheidenen, ja fast ärmlichen Verhältnissen stammte, störte ihn nicht, schließlich hatte er die finanziellen Mittel, um sich, seine Frau und eine ganze Kinderschar zu versorgen.

Es dauerte nicht lange, da hielt der Brunnhuber-Felix bei Anitas Eltern um die Hand ihrer Tochter an. Ich kann mich noch gut daran erinnern, wie glücklich die Eltern darüber waren. Voller Stolz gingen sie durchs Dorf und erzählten über die bevorstehende Hochzeit ihrer einzigen Tochter – mit dem Brunnhuber! Natürlich wussten sie, dass dieser vermögend war, doch sie waren sich auch bewusst, dass Felix ein guter Mensch war, und das zählte für sie noch mehr. Nach außen hin war er vielleicht manchmal ein wenig wirsch, doch in seiner Seele war er weich geblieben.

Die Vorbereitungen für das große Fest waren in aller Munde. Die Dorfgemeinschaft begutachtete und kommentierte alles und jeden, der damit zu tun hatte, schließlich wurde solch eine pompöse Hochzeit nur selten gefeiert. Ich kann mich deshalb so gut daran erinnern, weil die Anita, die ich auch schon seit ihrem ersten Atemzug kannte, während dieser Zeit oft zu mir kam. »Wissen S', Frau Linner«, sagte sie dann, »i' weiß gar net, ob mir des net alles z'viel ist. I' hab den Felix so lieb, aber so a großes Fest, also i' weiß net, i' weiß net …«

Doch ich konnte sie beruhigen, das Fest, das der Felix ausrichtete, war ein Liebesbeweis an seine Anita. Er konnte und wollte ihr nicht nur seine Liebe schenken, sondern auch einen Beweis dafür liefern, dass sie materiell keine Not leiden würde.

Schließlich kam der Tag der Hochzeit. Auf dem Standesamt ging es eher nüchtern und leise zu. Da ich beiden auf die Welt geholfen hatte, hatten sie auch mich zu ihrem großen Tag eingeladen. Es war ein bewegender Augenblick, als die zwei vor dem Standesbeamten den Bund fürs Leben schlossen. Als sie dies auch vor Gott in der Kirche taten, musste selbst ich mir ein paar Tränen von den Wangen wischen. Es war ein unvergessliches Erlebnis, mit anzusehen, wie Anita in einem teuren Brautkleid und einem mächtigen Brautstrauß im Arm neben Felix Brunnhuber in die Kirche schritt. Zwar wirkten ihre Augen scheu und ängstlich, doch waren der Stolz und die Liebe zu ihrem Mann nicht zu übersehen. Die kirchliche Hochzeit der Brunnhubers war insgesamt außergewöhnlich prunkvoll, und noch lange sprach man von diesem Ereignis. Felix Brunnhuber hatte sich diesen Aufwand gerne geleistet, und seine Braut Anita schien sich mit dem Rummel um sich und ihren Mann, trotz allem, gut arrangiert zu haben.

Eine großzügige Ader hatte an diesem Tag der Felix, nicht nur was die Aufmachung anging, auch für die kleinen Leute hatte er ein Herz, wenn sie ihm und seiner Anita Glück und Segen wünschten. Mit der großzügigen Spende für die Bedürfnisse der Kirche konnte Herr Hochwürden sehr zufrieden sein, was er später bei gegebenen Anlässen und auch höheren Ortes lobend erwähnte. Die Sympathien in gehobenen Kreisen waren dem Felix ebenso sicher wie die der Bedürftigen und Unterprivilegierten.

Mit Anita zogen das Glück und das Lachen auf dem Brunnhuberhof ein. Sie verstand sich mit ihrem Mann sehr gut und lernte auch schnell, mit seiner lauten und durchaus großsprecherischen Art umzugehen.

Nur wenige Monate nach der Hochzeit stand Anita eines Abends vor meiner Tür. Mit leicht geröteten Wangen berichtete sie mir von ihrer morgendlichen Übelkeit und fragte leicht verschämt nach, ob das denn wohl ein Zeichen der guten Hoffnung sei.

Das war sicherlich nicht abwegig. Deshalb bat ich sie in meinen Untersuchungsraum und konnte ihr recht schnell das positive Ergebnis mitteilen: Die Brunnhuberbäuerin war in anderen Umständen. »Ja mei, ja so a Freud, a Kind, mei, bin i' glücklich. Was wird erst der Bauer dazu sagen, der wird's gar net glauben können!« Lachend umarmte mich Anita und eilte zurück auf den Hof, um die gute Neuigkeit kundzutun.

Es war eine Freude, zu beobachten, wie sich der Viehhändler um seine schwangere Frau kümmerte. Stets war er an ihrer Seite.

Das erste Kind, Felix der Zweite, kam in einer Nacht von Samstag auf Sonntag zur Welt. Vater Brunnhuber zeigte seine ungewöhnliche Freude laut und geräuschvoll und versprach seiner Anita den teuersten Schmuck, den Uhrmacher und Juwelier zur Verfügung hätten. Zwischen seinen Versprechungen streichelte er die noch feuchten Haare des Babys, und mir schüttelte er die Hände, sodass mir Hören und Sehen verging.

Im Gottesdienst am Sonntagvormittag stattete Felix Brunnhuber dem Herrgott seinen Dank ab für das gesunde Kind und das Gelingen seiner Geburt. Da staunte Vinzenz, der Mesner, nicht schlecht, als er nach dem Gottesdienst das Kollektekörbchen auf den Tisch der Sakristei entleerte. Eine so große Banknote hatte dieses unscheinbare Opferkörbchen noch nie gesehen. Vinzenz brauchte seinen ergrauten Kopf nicht lange anzustrengen, hatte er doch Felix Brunnhuber, den spendablen Geldgeber, in der Kirche längst erspäht. Daraus konnte er schließen, dass sich die erwartete Geburt in der letzten Nacht vollzogen hatte, wobei es den Brunnhuber ziemlich gebeutelt hatte. Darum diese großzügige Spende, kombinierte der Mesner.

Gerade mal vier Monate waren seit der Geburt des kleinen Buben vergangen, als Anita erneut in meinem Untersuchungszimmer lag. Und wieder konnte ich ihr die frohe Nachricht machen, dass sie guter Hoffnung sei. Auch über diese Schwangerschaft war die junge Frau sehr glücklich, doch war ihrer Freude diesmal etwas gedämpfter. Der kleine Felix war zwar ein entzückendes Kind, doch forderte er die ganze Aufmerksamkeit und Kraft seiner Mutter. Die Vorstellung, in wenigen Monaten ein weiteres forderndes, kräftezehrendes Kind zu versorgen, ließ Anita tief seufzen. Auf meine Nachfrage hin, ob denn sonst alles in Ordnung sei, schaute sie mich lange an, bevor sie antwortete: »Weißt, der Felix hat sich a bisserl verändert, er is manchmal so anders als früher ...« Sie erzählte mir von finanziellen Sorgen, die ihren Mann plagten, weil die Geschäfte nicht mehr so gut gingen, und vom zornigen, lauten Streiten, das zwischen den beiden immer häufiger vorkam. Im Grunde ihres Herzen wusste Anita zwar, dass Felix sie sehr liebte, doch die angespannte Situation machte ihr sehr zu schaffen. Ich hatte kein gutes Gefühl, als ich Anita an der Tür verabschiedete, denn ich wusste, dass ein zweites Kind bei familiären Problemen nur noch mehr emotionale Belastung bringen würde.

Obwohl die Schwangerschaft ohne Komplikationen verlief, besuchte ich den Hof der beiden oft. Anita sah mich als Vertrauensperson und schüttete mir bei jeder Untersuchung ihr Herz aus. Ich war mir sicher, dass sich die beiden sehr liebten, doch die Gesamtumstände sprachen einfach nicht für sie.

Pünktlich nach neun Monaten kam die kleine Doris zur Welt. Der stolze Vater zeigte sein Mädchen liebevoll im Dorf umher. Doch wartete der Mesner bei dieser Geburt umsonst auf eine großzügige Spende. Bald hatte es sich in der ganzen Umgebung herumgesprochen: Es gab Unstimmigkeiten in der sonst so friedlichen Familie Brunnhuber. Finanzielle Sorgen plagten den Viehhändler, so konnte man hören, und mit seiner Ehe stehe es auch nicht mehr zum Besten.

An einem späten Nachmittag stand ganz plötzlich Anita vor meiner Tür. Heimlich hatte sie sich vom Hof geschlichen und suchte das Gespräch mit mir. Ich bat sie herein, und da erfuhr ich Näheres über die Zwistigkeiten in ihrer Familie. »Felix hat, wie ich glaube, geschäftlichen Ärger«, berichtete mir Anita weinend. »Er schimpft und schreit, es ist nicht mehr zu ertragen. Vor allem die Kinder leiden darunter, wie soll das ein kleiner Bub verstehen, wenn der Vater so schreit? Wenn ich vom Hof gehen würde, könnten meine Kinder einige Zeit unter Ihrem Schutz bleiben? Ich gehe heim zu meinen Eltern und hole die beiden später nach.«

Ich konnte Anita an diesem Tag klar machen, sie dürfe in ihrem Ärger nichts Unüberlegtes tun, was sie später bereuen würde. Ich konnte sie davon überzeugen, zurück nach Hause zu ihrem Mann zu gehen und zu versuchen, mit ihm über die Probleme zu sprechen.

So vergingen wieder einige Wochen. Oft dachte ich darüber nach, ob denn mein Rat wohl Früchte getragen hatte. Ich nahm mir fest vor, den Brunnhubers in den nächsten Tagen wieder einen Besuch abzustatten.

Doch so weit sollte es gar nicht kommen. An einem dieser grauen Herbsttage klopfte es am späten Abend an meiner Haustür. Als ich öffnete, stand erneut Anita vor mir. Die wenige Monate alte Doris lag im Kinderwagen, und den kleinen Felix hatte sie an der Hand. Schon der Ausdruck ihrer Augen verriet mir, dass etwas vorgefallen war und dass sie ernsthaft Hilfe und Rat brauchte. Vor den Augen und Ohren der Kinder wollten wir die Probleme nicht besprechen. Also brachten wir Felix und Doris in mein Gästezimmer und sangen sie dort in den Schlaf.

Es war ein langes Gespräch, das nun folgte zwischen Anita und mir. Ich konnte spüren, wie sehr sie ihren Mann noch liebte, aber wie verzweifelt sie über seine so burschikose, laute, dominierende Art war, die immer mehr überhand nahm.

An diesem Abend war sie fest entschlossen, ihren Mann zu verlassen und zurück an den elterlichen Hof zu gehen. Ich konnte sehen, wie schwer ihr dieser Entschluss gefallen war, doch konnte ich diesmal daran nichts mehr ändern. Meine einzige Hoffnung war, dass der Brunnhuber sein Unrecht einsah und zur Besinnung kam. Ich wusste von seiner harten Schale und seinem doch so guten Kern.

Anita und die Kinder blieben in dieser Nacht bei mir, erst am nächsten Tag wollte Anita noch einmal in ihr Heim zurückkehren, um ihre Sachen zu packen.

Es war morgens gegen acht Uhr, als wir gerade beim Frühstück saßen und besprachen, wie ich der kleinen Familie am besten helfen könnte. Plötzlich polterte es an der Tür, und Felix Brunnhuber kam in die Stube gestürzt. Ohne Gruß, in sichtlicher Erregung sprudelte es aus ihm heraus: »Naa, des kannst mir du net antun, weglaufen, einfach so«, bat er zerknirscht Anita. Zu mir gewandt, glaubte er den Verdruss, wie er das Zerwürfnis nannte, richtigstellen zu müssen. So meinte er: »I' hab halt a laute Stimme, aber i' schrei net, Sie kennen mich, Frau Linner, und wennst einen solchen Ärger hast wie i', dann musst dei'm Herzen Luft machen, weilst sonst erstickst.« Und dann erzählte er weiter: »Hat sich da a Ochs, den ich vom Bichlbauern 'kauft hab, in der Nacht an seiner Schnur verfangen und hat keine Luft mehr 'kriegt. Wie ihn da Schlachter schon bald in der Früh holen hat wollen, war des Vieh maustot! Wenn des kein Verdruss net is!«

»Und deswegen schreien Sie mit der Anita?«, antwortete ich.

»I' schrei ja net, i' hob ja bloß a lautes Organ«, war seine Antwort.

Sehr zerknirscht trat er einen Schritt nach vorne, nahm Anitas Hand und zog diese ganz sachte zu sich heran. Und Anita wehrte sich nicht dagegen, nur die Tränen begannen über ihre Wangen zu laufen. Selbst Felix verbarg immer wieder sein Gesicht, hatte die Rührung doch auch ihn überkommen, und irgendwann ließ auch er den Tränen freien Lauf. Wie die beiden so dastanden, wurde mir schnell klar, dass die Zerrüttung wohl belangloser Natur war. Sie ging nicht in die Tiefe des Herzens, dafür sprach die schnelle Versöhnung, zu der beide bereit waren. Anita mit ihrem überaus sensiblen Gemüt und ihrer übereilten Aktion musste erkennen, dass sich in dem robusten Äußeren ihres Ehemannes ein weicher Kern befand. Sie nahm sich vor, dass es besser sei, sich für die Zukunft ein dickes Fell für ihre empfindsame Seele zuzulegen.

Den materiellen Schaden, der durch den unnatürlichen Tod des genannten Ochsen entstand, übernahm die Versicherung, sodass sich der Verlust für Felix Brunnhuber in Grenzen hielt. Der aber meinte: »Den geschäftlichen Ärger trag i' nimmer heim, denn der heutige Tag, der reicht mir, und das ist mir eine Warnung, dafür schrei i' 's nächste Mal die Bauern an, die vertragen des leichter!«

## *Trauer*

Der Sommer hatte sein Strahlen verloren, die Zeit der lauen Abende ging zu Ende, und der Herbst hielt Einzug. Für mich war es immer wunderschön, den Wandel der Natur, den Wandel der Zeit zu beobachten. Mir zeigt dieser ewige Kreislauf, was die Natur vermag und wie sie unsere Welt beherrscht. Gleichzeitig zeigen mir die Jahreszeiten aber auch, dass alles Leben einen Anfang und ein Ende hat und wie wenig wir Menschen das beeinflussen können. Auch bei meiner täglichen Arbeit kam ich oft an die mir von Gott gesetzten Grenzen, was zu vielen herzzerreißenden Erlebnissen führte.

Es waren schlimme Momente, wenn ich miterleben musste, wie eine Mutter um ihr neugeborenes Kind trauerte und wenn ich den verzweifelten Eltern den kleinen toten Körper aus den Armen nehmen musste.

Einige Erlebnisse sind mir in leidvoller Erinnerung geblieben, wie zum Beispiel die Geschichte von Margot.

Die junge Frau stammte aus dem norddeutschen Raum, sie war eine ansprechende, gepflegte Erscheinung mit angenehmer Stimme. Margot war zum zweiten Mal schwanger, und das erwartete Kind kündigte sich nach dem errechneten Termin viel zu früh an. Sie lag bereits im Krankenhaus, als ich zu ihr kam. Die Angst vor den kommenden Stunden stand in ihrem Gesicht, und sie erklärte mir: »Ich hoffe so sehr, dass dieses Mal mein Kind lebt. Bei meiner letzten Schwangerschaft erlitt ich eine Fehlgeburt, die mir meinen Lebensmut genommen hat.«

Ich versuchte sie zu trösten und antwortete, dass sie im Krankenhaus gut aufgehoben sei. Die medizinische Versorgung war inzwischen so weit, dass man wehenhemmende Mittel verabreichen und die Geburt so lange als möglich hinauszögern konnte. Doch ob dies bei Margot ausreichen würde, wagte ich zu bezweifeln.

Schon die erste Schwangerschaft hatte im vierten Monat geendet, und ich konnte mich noch gut daran erinnern, dass auch damals alles versucht wurde, um das Leben des Kindes zu retten – leider vergeblich. Ich sah in die weit aufgerissenen, verängstigten Augen der Mutter, und mir war klar, was eine weitere Fehlgeburt bedeuten würde.

Lange saß ich am Krankenbett, hielt ihre Hand und versuchte sie mit vielen Erzählungen ein wenig abzulenken. Schließlich hatte sich Margot etwas beruhigt, und die Wehentätigkeit hatte nachgelassen. Es war Abend geworden, und Margots Mann Erwin war nach der Arbeit an das Krankenbett seiner Frau geeilt, um nach ihr zu sehen. Ich hatte mich verabschiedet, um die beiden alleine zu lassen und wieder nach Hause zu gehen.

Als ich die Krankenzimmertür schloss und mich noch einmal umdrehte, sah ich, wie sich die beiden umarmten und ihren Tränen freien Lauf ließen. Es war eine schwierige Situation für die werdenden Eltern, zwischen Hoffen und Bangen um das Leben dieses ungeborenen Kindes.

Es schien zunächst, als hätte das Schicksal Mitleid mit dem jungen Paar. Margot konnte nach einigen Tagen aus dem Krankenhaus entlassen werden. Die Ärzte hatten für zu Hause strengste Bettruhe verordnet und mich als Hebamme angewiesen, so oft als möglich nach ihr zu sehen. Margot hielt sich genau an die Anweisung der Ärzte, sie blieb in ihrem Bett und verließ es nur, um entweder ins Bad zu gehen oder um eine leichte Mahlzeit zu sich zu nehmen. Erwin war in dieser Zeit ein vorbildlicher Ehemann, der alle Anstrengungen unternahm, die dazu beitragen konnten, dass ein gesundes Kind zur Welt kommen möge. In einem langen Gespräch, das wir drei während einige Tage nach Margots Entlassung führten, wurde mir bewusst, wie sehr sich die beiden dieses Kind wünschten und wie sehr sie darunter litten, der Natur so ausgeliefert zu sein. Vor allem um Margot machte ich mir Sorgen, sie gestand mir, dass sie nach der ersten Fehlgeburt nicht mehr weiterleben wollte und dass es nur Erwin zu verdanken sei, dass sie heute noch hier sei. Ein zweites totes Kind konnte und wollte sie nicht überstehen. Ich wusste, welche Verzweiflung aus den Worten dieser Frau sprach, und betete in dieser Nacht ganz besonders für die Mutter und das ungeborene Kind.

Doch das Schicksal ist nicht zu beeinflussen, und so nahm die Geschichte einen tragischen Verlauf. Es sollte für mich nur eine kurze Nacht werden, denn bereits knapp nach Mitternacht läutete das Telefon. Auch wenn mich diese nächtlichen Anrufe fast immer aus dem Tiefschlaf rissen, war ich nie verärgert oder erstaunt darüber, denn das brachte mein Beruf ja so mit sich. Kinder kommen auch in der Nacht zur Welt, und auch dann brauchen werdende Mütter Hilfe.

Es war Erwin, der sehr ängstlich und aufgeregt klang. Margot habe wieder Wehen bekommen, und das ganze Bett sei voller Blut. Ich wusste, dass Margot sofort ins Krankenhaus eingeliefert werden musste. Jetzt war jede nur mögliche medizinische Hilfe vonnöten! Kurz und knapp wies ich Erwin an, den Notarzt zu alarmieren und sofort ins Krankenhaus zu fahren. Ich selbst packte meine Hebammentasche, zog mir eilig die Kleidung über und sprang in mein Auto. Nach wenigen Minuten hatte ich das Krankenhaus erreicht und eilte in Margots Zimmer. Als ich sie sah, war mir sofort klar, dass die Situation ausweglos war. Sie hatte erneut Wehen bekommen, das Kind konnte nun nicht mehr gehalten werden, es hatte sich so viele Wochen zu früh auf den Weg in diese Welt gemacht. Eine heftige Wehe schüttelte Margots Körper, und dann war es da, dieses unreife, armselige Wesen, das keine Chance zum Weiterleben hatte. Man hörte einen kurzen, kläglichen Schrei, dann wurde es beängstigend still. Wieder war ein Leben erloschen, das kaum begonnen hatte. Ich hielt es noch in meinen Händen, dieses arme Geschöpf, dem ich gerade noch die Nottaufe geben konnte.

Solche Minuten sind nicht nur für die Mutter ein Drama. Sieht man in die großen traurigen, fassungslosen Augen, dann wird man das Geschehen nicht begreifen können.

Auch eine Hebamme ist beim Tod eines Neugeborenen in einer Ausnahmesituation. Sollte dieses Kind, dem ich soeben zum Leben verholfen hatte, die Welt gleich wieder verlassen? Und alle Schmerzen und Hoffnungen und alle Bemühungen waren umsonst?

In solchen Momenten drängt sich vermehrt die ewige Frage nach dem Woher und Wohin eines Menschen auf. In keiner anderen Lebenslage ist diese Frage so nah und so akut. Margot musste auch dieses Mal den Tod ihres Kindes hinnehmen. Eine sehr schmerzliche Erkenntnis. Die Frage, warum dieses Kind den Reifeprozess nicht abwarten wollte oder konnte, blieb offen. Niemand wird diese Frage jemals beantworten können!

Es vergingen Jahre, und noch einmal erwartete Margot ein ersehntes Kind. Dieses Mal unter besonderer ärztlicher Aufsicht, wobei die erprobten Mittel eingesetzt wurden, die Reife des Kindes zu vollenden. Der kleine Andreas schaffte es aber ebenso wenig, diesen Prozess zu vollenden – doch bei diesem Kind hatte man Hoffnung, weil alle Reaktionen dafür sprachen, dass er sein Leben annehmen würde. Aber es fehlte ihm trotz guter Prognosen die nötige Kraft, sich durchzusetzen. Auch er gab nach vier Tagen den Kampf um sein Weiterleben auf. Margot war der Verzweiflung nahe. Sie resignierte, wollte niemanden sehen, mit niemandem sprechen. In ihrem Kummer wollte sie allein sein. Mit großer Vorsicht ist es mir dann doch gelungen, mit ihr in ein Gespräch zu kommen. Ich hatte mir vorgenommen, sie aus der freiwilligen Isolierung herauszuholen, damit sie sich wieder dem Leben zuwenden würde. Sie war doch noch eine junge Frau, die das Leben vor sich hatte und die so viel Liebe geben konnte und geben wollte.

Ich hatte mir vorgenommen, mit ihr und Erwin über den Gedanken einer Adoption zu sprechen. Insbesondere in den Nachkriegsjahren warteten so viele Kinder in Heimen auf ein neues Zuhause, unschuldige Kinder, die ihre Mütter und Väter während der schrecklichen Kriegsgeschehnisse verloren hatten und dringend nach Zuneigung und Liebe suchten.

Es dauerte einige Zeit, bis sich Erwin und Margot mit dem Gedanken vertraut gemacht hatten; doch dann stand ihr Entschluss fest: Sie wollten ein Kind adoptieren. Die notwendigen bürokratischen Maßnahmen zur Aufnahme eines Kindes waren schnell erledigt, und schon bald war der Tag da, an dem Erwin und Margot ein Heimkind mit nach Hause nehmen sollten. Ich durfte die beiden auf ihrem Weg dorthin begleiten. Es wird mir ein unvergesslicher Augenblick bleiben, als Margot das Heim betrat und in das Zimmer ging, in dem die Kinder waren, die alle zur Adoption in Frage kamen. Erwartungsvolle Gesichtchen starrten uns an, Händchen streichelten uns an den Armen, wir hatten das Gefühl, als müssten wir alle Kinder in die Arme und mit nach Hause nehmen.

Ich sehe noch wie heute vor mir, als sich Margot niederkniete und mit einem vielleicht vier Jahre alten Buben zu reden begann. Der Bub stand weinend da und hatte seine kleinen Ärmchen schützend um seine jüngere Schwester geschlungen. »Nimm mir mei' Schwester net weg, bitte, bitte, nimm mir mei' Schwester net weg«, schluchzte der kleine Bub immer wieder und immer wieder. Ganz zart und liebevoll nahm Margot den Jungen samt seiner Schwester in die Arme und wiegte beide sanft hin und her. Ihre Entscheidung war in diesem Augenblick gefallen, beide Kinder sollten fortan zu ihrer Familie gehören, die zwei wollte sie niemals mehr in ihrem Leben loslassen. Der kleine Hans und das Annelieschen wurden mit Freude aufgenommen und mit aller Liebe umgeben. Sie brachten das ersehnte Glück und erneute Hoffnung in das Leben von Margot und Erwin.

Und noch eine Geschichte, die ich niederschreiben möchte, ist für immer in meinem Gedächtnis verankert: die Geschichte von Ludmilla und Isidor Steinberger.

So viel übertriebene Freude und Begeisterung in der Erwartung eines Kindes habe ich nur selten erlebt während meiner langen Berufslaufbahn! Es waren wohlhabende Leute, Ludmilla und Isidor, die durch die Schwangerschaft schier aus dem Häuschen gerieten.

Besonders die werdende Mutter Ludmilla kannte in ihrer Freude keine Grenzen. Ich beobachtete sie, wie sie mit vorsichtigen Schritten die Straße überquerte, so als wäre Glatteis unter ihren Füßen, obwohl wir mitten im Sommer waren. Auf meine Frage, warum sie denn so unsicher laufe, erklärte sie mir: um ihr Kind in seinem Wachstum nicht zu stören, falls sie zu fest auftreten würde.

Ich musste schmunzeln ob dieser übertriebenen Fürsorge und stellte mir dagegen die Landfrauen der damaligen Zeit vor. Es war selbstverständlich, dass diese Frauen noch in hochschwangerem Zustand bis zuletzt voll im Einsatz waren. Egal, welche Tätigkeit vonnöten war, die Frauen mussten arbeiten. Sie kamen nicht zum Nachdenken, und solange es ihnen gut ging, hatten sie zumindest die innere Ruhe, um auf ihr Kind zu warten. Sie nahmen die Umstände gelassen, selbst wenn sie den Geburtstermin nicht genau kannten.

Dieser besagte Geburtstermin wurde bei Frau Ludmilla zu einem ganz besonderen Überlegungs- und Rechenprozess. Was wäre, wenn das Kind einen Tag früher oder zwei Tage später geboren würde? Trägt es Schäden davon für den einen oder anderen Fall? Meinen Rat, in Ruhe und Gelassenheit den Tag der Geburt des Kindes abzuwarten und sich nicht mit unnötigen Problemen zu ängstigen, nahm sie nur bedingt an.

Es war, als hätte Frau Ludmilla mit ihren übertriebenen Sorgen und Ängsten die Komplikationen im Geburtsverlauf herbeigeführt. Eines Nachts wurde ich zu ihr geholt. Ein frühzeitiger Blasensprung brachte mit kräftigen Wehen die Geburt viel zu früh in Gang. Mein einziger Gedanke war: Hoffentlich wird das Kind unter diesen Bedingungen am Leben bleiben. Andernfalls wäre ein Drama auf uns zugekommen, das nicht vorstellbar gewesen wäre.

Um den unabsehbaren Folgen dieser Frühgeburt vorzubeugen, bereitete ich für das wärmebedürftige Kind alles vor, um es fürs Erste vor eventueller Unterkühlung zu schützen. Bis es in fachliche Hände am Krankenhaus käme, bat ich den Hausarzt um seine Unterstützung. Unter Schweiß und Tränen gebar diese Mutter ihr Kind, dem ich keine guten Prognosen stellen konnte. Ich hoffte und betete, dass dieses so sehr erkämpfte und geliebte junge Mädchen am Leben bliebe. Es schien, dass meine Gebete erhört wurden. Nach kurzer Reanimierung schrie es.

Ein glücklicher Augenblick für uns alle, besonders für die Mutter, die es wie eine Kostbarkeit an sich nahm.

Doch dieses so sehr erwünschte Kind war für dieses Leben nicht bestimmt. Alle ärztlichen Versuche und Injektionen brachten keinen Erfolg. Es wollte dieses Leben trotz größter elterlicher Liebe nicht. Nach kurzem, zweistündigem, Lebensweg starb es. Wieder stand ich vor den Unzulänglichkeiten meines Berufes, vor der Bürde, die mich gelegentlich zu überfordern drohte. Vater Steinberger weinte, Mutter Ludmilla schrie hysterisch um ihr Kind, von dem sie sich nicht trennen wollte. Ich werde die Szene nie vergessen, den Kampf mit der Mutter, die ihr totes Kind bei sich behalten wollte.

Doch die Zeit heilt auch die größten Wunden. Irgendwann wurde auch das Schicksal des kleinen Mädchens Bettina von seinen Eltern angenommen.

Es rückte ein wenig in die Ferne, als nach einigen Jahren der kleine Matthias geboren wurde. Ein gesundes Kind, das mit vorsichtiger Freude erwartet wurde und das dann ohne Schwierigkeiten in sein Leben kam.

## *Ich blicke zurück*

Der Beginn meines Berufslebens als Hebamme liegt nun mehr als sechzig Jahre zurück. Es war mein ausdrücklicher, über viele Jahre bestehender Wunsch, Hebamme zu werden. Eine Geburt im Luftschutzkeller faszinierte mich so sehr, dass dieses Ereignis zum Schlüsselerlebnis für meine spätere Berufslaufbahn wurde.

Ich sehe heute noch das Entsetzen meiner Mutter, als sie von meiner Berufswahl erfuhr. Sie zeigte mir auf, mit welchen Schwierigkeiten ich mich auseinandersetzen müsste. Der Einsatz bei Tag und Nacht, kein Feiertag, kein Wochenende, kein Urlaub. »Du wirst gelegentlich schwere Entscheidungen treffen müssen«, belehrte sie mich, »bei denen du allein stehst mit deinem Wissen, deinen Zweifeln und deiner Angst. Dann kannst du nur noch beten, dass du das Richtige tust und Mutter und Kind am Leben bleiben.«

Meine Mutter war eine kluge Frau, ich dachte oft an ihre Worte, wenn Schwierigkeiten mich zu erdrücken drohten oder wenn ich in Bedrängnis war mit Eis, Schnee und Nebel, die mir das Leben schwer machten. Trotz der düsteren Prognosen meiner Mutter wagte ich aber diesen Sprung in das angebliche Abenteuer. In der Hebammenschule Würzburg wurde ich auf das Berufsleben vorbereitet. Nach dem anschließenden Staatsexamen konnte meine Arbeit für Mutter und Kind beginnen. Es war die Zeit der Hausgeburten, in der man noch keine Eile bei der Geburt eines Kindes kannte und Geduld und Abwarten als oberstes Gebot galten. Ich begleitete die Mütter in Schwangerschaft, Geburt und Wochenbett und war verantwortlich für diesen Ablauf. Dadurch entstand mit den Müttern eine enge Bindung, ein ausgesprochenes Vertrauensverhältnis, das mir eine reiche und gute Erfahrung brachte. So kam es, dass mein Wort Gewicht hatte, wenn es persönliche oder familiäre Probleme gab. Mit der neuen Zeit ergab es sich auch, dass sich viele jüngere Frauen mit reichem Kindersegen nicht mehr abfinden wollten. Dann kam die Pille, ein künstliches Mittel zur Geburtenkontrolle, das auch bald in ländlichen Kreisen Einzug fand. Für manche einfachen Leute war aber nicht nur die natürliche Geburtskontrolle ein Buch mit sieben Siegeln, auch die Wirkung der Pille wurde durch primitives Denken oder Vergesslichkeit außer Kraft gesetzt. So glaubte eine Arbeiterfrau, entgegen der vorgeschriebenen Einnahmepflicht, die Pille nur am Wochenende einnehmen zu müssen, wenn der Mann zu Hause war. Das Ergebnis waren Ärger und Vorhaltungen mir gegenüber, weil ich das – so die Meinung dieser Frau – nutzlose Medikament empfohlen hatte. Der Segen der Wissenschaft konnte unter solchen Umständen nicht weiterhelfen. Immer wieder vergaßen die Frauen auf das regelmäßige Einnehmen der Pille, bis ihnen klar wurde, dass das Mittel nur so Erfolg brachte.

Geburten gehen heute einher mit Medikamenten und sind durch die Pille kontrolliert. Der Arzt bestimmt weitestgehend Tag und Stunde der Geburt. Eine Geburt durch Kaiserschnitt wurde auch ohne Indikation zur Geburtshilfe hochstilisiert.

Ein neues Jahrtausend hat begonnen, und wieder werden bessere Erkenntnisse im medizinischen Bereich angeboten, die dem Wohle der Menschheit dienen werden. Wird man für die mühsame, aufreibende Arbeit der heute siebzig- und achtzigjährigen Hebammen bald nur noch ein mitleidiges Lächeln übrig haben?

Ein Leben als Landhebamme empfand ich in seinem Ablauf trotz der Mühe, der schlaflosen Nächte, der häufigen Unzulänglichkeiten normal und als eine Selbstverständlichkeit. Das alles gehörte nun einmal zu diesem Beruf und bedurfte keiner Diskussion. Wir wussten es nicht anders, wir waren zufrieden, so wie es war, und der gute Ausgang einer komplizierten Situation erweckte Glücksgefühle, als Ausgleich für vorhergehende Sorgen und Ängste. Dies kannten Außenstehende nicht, und die heutigen Kolleginnen werden es vielleicht belächeln. Denn die Verantwortung für Geburten in der Klinik haben die immer bereitstehenden Ärzte, die mit ausgeklügelter medizinischer Technik und modernsten Medikamenten in den Geburtsverlauf eingreifen können. Der Krankenhausalltag ist anders – weniger emotional. Der enge Kontakt mit den werdenden Müttern und späteren Wöchnerinnen, die man gelegentlich auch über den zehnten Tag hinaus betreute, die Sorge und Fürsorge um das Neugeborene und die Belange der Mütter in seelischen Nöten – all das gibt es in dieser Form heute nur noch in Ausnahmefällen.

Es ist schade, dass mit dem technischen Fortschritt in den Kliniken der menschliche Kontakt auf der Strecke bleibt. So jedenfalls sehe ich es aus meinen Erfahrungen heraus und aus meiner Sicht.

Wie habe ich meinen Alltag bewältigt, wie Familie und Beruf in Einklang gebracht? Natürlich war ich mir immer bewusst, wie groß meine Verantwortung für Mütter und Kinder war, dass daher meine Arbeit immer Vorrang haben musste, wenn meine Hilfe gebraucht wurde.

Aber trotz aller Freude und Liebe zu meinem Beruf, in dem ich verwurzelt war, hätte ich mich im Zweifelsfall nicht für ihn, sondern für meine Familie entschieden. Sie war in den Wirren des Alltags mein Zuhause – der ruhende Pol. Ein Heiliger Abend, ein Geburtstag, ein Familienfest – da war das berufliche Schicksal häufig gegen mich, wenn ich meine Familie zurücklassen und meiner Berufspflicht nachgehen musste. Heute ist es durch moderne Medikamente und Methoden möglich geworden, die von Natur aus gegebene Geburtsstunde so zu manipulieren, dass sie auf einen passenderen Zeitpunkt für die Geburtshelfer fällt. Das Warten kann zum Beispiel durch Einleitung der Geburt frühzeitig beendet werden, Wochenenden und Nächte kann man sich durch diese Methode frei halten. Eine solche Einstellung war nie in meinem Sinne. Eine Geburt ist eine natürliche Sache und sollte es auch bleiben. Man kann zwar dabei mitgehen und mithelfen, aber man sollte nicht eingreifen – wenn keine dringende medizinische Notwendigkeit besteht. Mehrere Geburten hintereinander oder eine besonders lang andauernde Geburt, was häufig mit Komplikationen verbunden war – da brauchte die werdende Mutter nicht nur körperliche, sondern vor allem auch seelische Kraft.

Ich musste stets Zuspruch, Bereitschaft, Gelassenheit und Zuversicht demonstrieren und in voller Konzentration das Geschehen abwarten oder auch Entscheidungen treffen. Nach solchen Stunden oder Tagen war meine Kraft verbraucht. Ich war geistig und körperlich leer und übermüdet, sodass mich jedes Wort, jede Antwort belastete. Kam dann, zum Beispiel, zu Hause meine Mutter auf mich zu, um die neuesten, banalen häuslichen Begebenheiten zu besprechen, so winkte ich ab mit den Worten: »Bitte, nicht jetzt.« Ich wäre nur bedingt im Stande gewesen, Rede und Antwort über unwichtige Dinge zu stehen. Eine halbe Stunde sperrte ich mich in mein Zimmer ein und versuchte an nichts zu denken. Weder an die vergangenen Stunden noch an kommende Aktivitäten. Ich brauchte diese dreißig Minuten, um zu mir selbst zu finden. Es gelang mir immer, mit mir ins Reine zu kommen und mein inneres Gleichgewicht wiederzufinden. Ich wurde wohl von Natur aus mit robuster Gesundheit ausgestattet, die mir in der ganzen Zeit meines Berufslebens zugute kam, und das verpflichtet mich Gott gegenüber zu Dank.